Literaturwissen

für Schule und Studium

Bertolt Brecht

Von Franz-Josef Payrhuber

W0034761

Philipp Reclam jun. Stuttgart

Mit 9 Abbildungen

Universal-Bibliothek Nr. 15207
Alle Rechte vorbehalten
© 1995 Philipp Reclam jun. GmbH & Co., Stuttgart
Umschlagabbildung: Bertolt Brecht 1927
Foto: Konrad Reßler
Gesamtherstellung: Reclam, Ditzingen. Printed in Germany 1998
RECLAM und UNIVERSAL-BIBLIOTHEK sind eingetragene Marken
der Philipp Reclam jun. GmbH & Co., Stuttgart
ISBN 3-15-015207-0

Inhalt

I. Zeittafel

Ich benötige keinen Grabstein, aber
Wenn ihr einen für mich benötigt,
Wünschte ich, es stünde darauf:
Er hat Vorschläge gemacht. Wir
Haben sie angenommen.
Durch eine solche Inschrift wären
Wir alle geehrt.

Bertolt Brecht

1898 10. Februar: Eugen Berthold Friedrich Brecht in **Augsburg** geboren. Sohn des kaufmännischen Angestellten, später Prokuristen und Direktors der Haindlschen Papierfabrik Berthold Friedrich Brecht (1869–1939) und seiner Frau Sophie geb. Brezing (1871–1920).

1904–17 Besuch der Volksschule, ab 1908 des Realgymnasiums in Augsburg. Nach dem Notabitur 1917 Beginn des Studiums der Medizin und der Philosophie an der Universität **München**.

1918–21 Von Oktober 1918 bis Januar 1919 Militärdienst in einem **Augsburger** Lazarett. 1918 Erstfassung des *Baal*. 1919 *Die [Kleinbürger-]Hochzeit* und andere Einakter. Am 30. Juli 1919 Geburt von Brechts und Paula »Bi« Banholzers Sohn Frank (gefallen 1943). Im November 1919 Exmatrikulation nach vier Semestern Studium. Aufenthalte in **Berlin**, um sich dort als Autor durchzusetzen.

1922 Im Januar wegen Unterernährung in der Berliner Charité. Erstveröffentlichung des *Baal*. Im September Uraufführung von *Trommeln in der Nacht* in München. Kleist-Preis (auf Vorschlag des Kritikers Herbert Jhering). Am 3. November Heirat mit der Opernsängerin Marianne Zoff. Bei den Proben zu

Trommeln in der Nacht in Berlin Erstbegegnung mit
Helene Weigel.

1923 12. März: Geburt von Brechts und Marianne Zoffs
Tochter Hanne (Hiob). Uraufführung von *Im Dik-
kicht der Städte* in München, von *Baal* in Leipzig.

1924 Uraufführung des gemeinsam mit Lion Feuchtwan-
ger bearbeiteten Marlowe-Stücks *Leben Eduards des
Zweiten von England* in München. Am 3. November
Geburt von Brechts und Helene Weigels Sohn Stefan.
Im selben Monat endgültige Übersiedlung nach **Ber-
lin**. Erste Begegnung mit Elisabeth Hauptmann.

1925 Dramaturg unter Max Reinhardt im Deutschen Theater, zusammen mit Carl Zuckmayer.

1926 Uraufführung von *Mann ist Mann* in Darmstadt. Vorarbeiten zu einem Stück über Vorgänge an der New
Yorker Weizenbörse, dafür nationalökonomische Studien und erste Beschäftigung mit der marxistischen
Theorie. Erste Konzeption des »epischen Theaters«.

1927 Veröffentlichung von *Bert Brechts Hauspostille, Im
Dickicht der Städte* und *Mann ist Mann*. Uraufführung des gemeinsam mit Kurt Weill erarbeiteten
Songspiels *Mahagonny* in Baden-Baden. Scheidung
von Marianne Zoff.

1928 Im Januar Aufführung von *Mann ist Mann* in der
Berliner Volksbühne. Uraufführung der *Dreigroschenoper* (Musik von Kurt Weill) im Theater am Schiffbauerdamm.

1929 10. April: Heirat mit Helene Weigel. Bekanntschaft
mit Walter Benjamin. Bei den Baden-Badener Musik-
festwochen Uraufführung der Lehrstücke *Der Flug
der Lindberghs* und *Das Badener Lehrstück vom Einverständnis* (Musik von Kurt Weill und Paul Hinde-
mith).

1930 Uraufführung der Oper *Aufstieg und Fall der Stadt
Mahagonny* in Leipzig, der Lehrstücke *Der Jasager*,

Bertolt Brecht 1927

Der Neinsager und *Die Maßnahme* in Berlin. Veröffentlichung der Gedichtsammlung *Aus dem Lesebuch für Städtebewohner.* Veröffentlichung von *Geschichten vom Herrn Keuner* im ersten Heft der
Versuche. Am 18. Oktober Geburt von Brechts und
Helene Weigels Tochter Barbara.

1931 Arbeit an *Die Mutter.* Erste Entwürfe zu *Die Rundköpfe und die Spitzköpfe.* Begegnung mit Walter Benjamin in Südfrankreich.

1932 Beginn der Freundschaft mit Margarete Steffin. *Die
Mutter* wird in Berlin uraufgeführt, *Die heilige
Johanna der Schlachthöfe* in einer Rundfunkfassung
gesendet (Uraufführung des Stücks 1957 in Frankfurt a. M.). Brecht hört bei Karl Korsch Vorlesungen
über den Marxismus.

1933 Am 28. Februar, dem Tag nach dem Reichstagsbrand,
fliehen Brecht und seine Familie über mehrere Stationen nach **Paris.** Dort Uraufführung von *Die sieben
Todsünden der Kleinbürger.* Übersiedlung nach Skov-
bostrand bei **Svendborg** auf der dänischen Insel
Fünen. Beginn der Freundschaft mit Ruth Berlau.

1934 Arbeit am *Dreigroschenroman,* der 1935 in Amster-
dam veröffentlicht wird, und am Lehrstück *Die
Horatier und die Kuratier.* In Paris erscheinen die
Lieder, Gedichte, Chöre.

1935 Reisen nach Moskau, Paris und New York. Am
8. Juni wird Brecht und seinen Kindern die deutsche
Staatsbürgerschaft aberkannt. Ende Juni Rede auf
dem Internationalen Schriftstellerkongreß für die Ver-
teidigung der Kultur in Paris.

1936 Zusammen mit Feuchtwanger und Bredel gibt Brecht
in Moskau die Exilzeitschrift »Das Wort« heraus.
Uraufführung der Parabel *Die Rundköpfe und die
Spitzköpfe* in Kopenhagen.

1937 Neben verschiedenen Reisen Arbeit an dem Einakter
Die Gewehre der Frau Carrar, der in Paris urauf-

geführt wird. Veröffentlichung der *Svendborger Gedichte*.

1938 Arbeit an der ersten Fassung von *Leben des Galilei*. Expressionismus-Realismus-Debatte (Auseinandersetzung mit Lukács). Uraufführung ausgewählter Szenen aus *Furcht und Elend des Dritten Reiches* in Paris.

1939 Im Mai übersiedelt Brecht wegen der Kriegsgefahr nach **Schweden**. Es entstehen *Mutter Courage und ihre Kinder* sowie das Hörspiel *Das Verhör des Lukullus*.

1940 Nach dem Einmarsch der deutschen Wehrmacht in Dänemark und Norwegen flieht Brecht mit seiner Familie und Margarete Steffin nach **Helsinki**. Arbeit an den *Flüchtlingsgesprächen*.

1941 Uraufführung von *Mutter Courage und ihre Kinder* in Zürich. Arbeit an *Der aufhaltsame Aufstieg des Arturo Ui* (Uraufführung 1958 in Stuttgart). Auf der Ausreise in die USA über die Sowjetunion bleibt Margarete Steffin schwerkrank in Moskau zurück, sie stirbt im Mai. Im Juli Ankunft in den USA, Ansiedlung in **Santa Monica**, einem Stadtteil Hollywoods.

1942 Drehbucharbeit für Fritz Langs Film *Hangmen also die*.

1943 *Der gute Mensch von Sezuan* und *Leben des Galilei* werden in Zürich uraufgeführt. Arbeit an *Schweyk im Zweiten Weltkrieg* (deutsche Erstaufführung 1958 in Erfurt). Auseinandersetzungen mit Thomas Mann über eine Erklärung zur Gründung des »Nationalkomitees Freies Deutschland«.

1944 Mitarbeit im »Council for a Democratic Germany«. Arbeit an *Der kaukasische Kreidekreis*.

1945 Versuch einer Versifizierung des *Kommunistischen Manifests*. Übersetzung von *Leben des Galilei* mit Charles Laughton ins Englische und Herstellung einer neuen Fassung des Stücks. Aufführung der amerikanischen Fassung von *Furcht und Elend des Dritten Reiches* in New York.

1946 Brecht bereitet seine Rückkehr aus dem Exil vor.

1947 Aufführung von *Leben des Galilei* in Beverly Hills. Am 30. Oktober Verhör Brechts vor dem »Committee on Unamerican Activities« in Washington. Sofort danach, am 1. November, Abflug aus den USA über Paris nach **Zürich**.

1948 Uraufführung der Bearbeitung *Die Antigone des Sophokles* in Chur und *Herr Puntila und sein Knecht Matti* in Zürich. Niederschrift des *Kleine[n] Organon[s] für das Theater*. Veröffentlichung der *Kalendergeschichten*.

1949 Übersiedlung Brechts nach **Ost-Berlin**. Dort Premiere von *Mutter Courage und ihre Kinder*. Am 12. November präsentiert sich Brechts Berliner Ensemble mit *Herr Puntila und sein Knecht Matti* erstmals der Öffentlichkeit. Veröffentlichung des Romanfragments *Die Geschäfte des Herrn Julius Cäsar*.

1950 Brecht erwirbt die österreichische Staatsbürgerschaft. Er wird Mitglied der neu gegründeten Deutschen Akademie der Künste. *Neue Kinderlieder*.

1951 Premiere von *Die Mutter*. Nach mehrmaliger Überarbeitung Uraufführung der Oper *Die Verurteilung des Lukullus* (Musik von Paul Dessau) in der Deutschen Staatsoper, des *Herrnburger Berichts* auf den Weltjugendfestspielen in Ost-Berlin. Herausgabe der *Hundert Gedichte 1918–1950*.

1952 Premiere von *Die Gewehre der Frau Carrar*. Deutsche Erstaufführung von *Der gute Mensch von Sezuan* in Frankfurt a. M. Bearbeitungen: *Urfaust, Coriolan, Der Prozeß der Jeanne d'Arc zu Rouen*.

1953 Wahl Brechts zum Präsidenten des PEN-Zentrums (Ost und West). Ungeachtet kritischer Vorbehalte rechtfertigt er das Eingreifen der Staatsmacht am 17. Juni. *Buckower Elegien*. Im Herbst Umzug in das

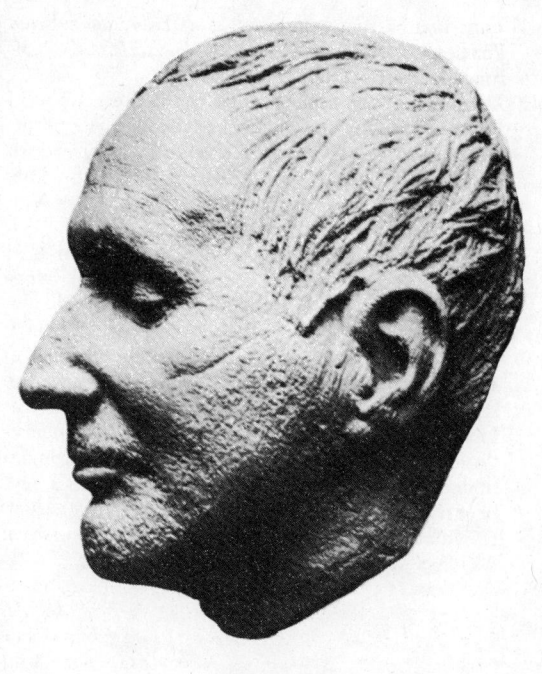

Totenmaske Brechts von Fritz Cremer, 1956

Hinterhaus **Chausseestraße 125**. Arbeit an dem Stück *Turandot oder der Kongreß der Weißwäscher* (Uraufführung 1969 in Zürich).

1954 Das Berliner Ensemble zieht in das Theater am Schiffbauerdamm. Brecht wird Vizepräsident der Deutschen Akademie der Künste. Premiere von *Der kaukasische Kreidekreis*. Brecht erhält den Stalin-Preis »Für Frieden und Verständigung zwischen den Völkern«.

1955 Gastspiel des Berliner Ensembles in Paris mit *Der kaukasische Kreidekreis*. Beginn der Proben zu *Leben des Galilei*.

1956 Im Mai erkrankt Brecht an einer Grippe, Aufenthalt in der Berliner Charité. Am 10. August beteiligt er sich zum letztenmal an den Proben des Berliner Ensembles. Er stirbt am 14. August an den Folgen eines Herzinfarkts. Am 17. August wird er auf dem Dorotheenstädtischen Friedhof beigesetzt; am 18. August findet im Theater am Schiffbauerdamm eine Totenfeier statt.

II. Autor und Werk

Erinnerung an den Bertolt B.

Aus schwarzen Wäldern kommend seinerzeit:
Ein Menschenfresser ohne Arg und Harm.
Viel Lust an Frauen. Und Genuß am Streit.
Verläßlich aber, daß es Gott erbarm.

Vertrieben von der braunen Obrigkeit:
Als einer in der Exilierten Schwarm,
der nicht zum Aufenthalt bereit
im Musterland von Orwells »Farm«.

Sein Thema war: Besitz schafft Leid,
schafft Elend und schafft Schuftigkeit.
Der Mensch: Verhaltensweise. Sonst: Nur Darm.
Ich bitte Euch: Seid nicht mehr arm.

                                    Günter Kunert

»Passant unserer Zeit«, »Mann mit befristeten Aufenthalten«, »Dichter ohne Weihrauch« – mit diesen sehr bezeichnenden Attributen charakterisiert Max Frisch in seinem *Tagebuch 1946–1949* den »Mann namens Brecht«, mit dem er während dessen Züricher Zwischenstation in den Jahren 1947/48 mehrmals zusammentraf. Hinter Brecht lagen damals fünfzehn Jahre des Exils in Dänemark, Schweden, Finnland und Amerika, vor ihm noch knappe acht Ost-Berliner Jahre bis zu seinem Tod am 14. August 1956.
Mit Brecht war ein Schriftsteller ›nach Hause‹ zurückgekehrt, der wie kein anderer das deutschsprachige Theater der Vorkriegszeit repräsentierte. Zwar hatte er in der Weimarer Zeit auch mit Gedichten – *Bertolt Brechts Hauspostille* (1927), *Aus einem Lesebuch für Städtebewohner* (1930) – und Erzählungen – *Bargan läßt es sein* (1921) – Beachtung gefunden, vor allem aber hatte er als »Stückeschreiber« große, teilweise triumphale Erfolge gefeiert und war auch schon als Theoretiker seiner dramatischen Produktion

hervorgetreten. Der Heimgekehrte erlag freilich nicht der Selbsttäuschung, nahtlos an diese erfolgreiche Theaterarbeit anknüpfen zu können, dazu war er zu lange und zu radikal von ›seinem‹ Publikum abgeschnitten gewesen; nicht von ungefähr stellte er sich einem breiteren Kreis 1948/49 mit den Erzählungen und Gedichten der *Kalendergeschichten* vor. Mit dem Ost-Berliner »Theater am Schiffbauerdamm« und dem von ihm begründeten »Berliner Ensemble« schuf er sich dann jedoch ein in der deutschen Theatergegenwart einzigartiges Instrument, um seine Werke wie seine Theorie konsequent an der praktischen Theaterarbeit zu überprüfen und zu modifizieren. In den 50er und vor allem in den 60er Jahren war Brechts Stellung als Bühnenautor dominierend, seine Autorität als Theoretiker unbestritten. Es existierte keine Dramentheorie, die über die seine hinausgewiesen hätte, es gab kein Werk, das nicht an seinem gemessen worden wäre. Kein zeitgenössischer Dramatiker konnte sich der Auseinandersetzung mit Brecht entziehen, und »sei es durch Modifikation, durch Widerspruch oder durch Absage« (Hinck 1973, 159).

Daß einmal die gesamte deutschsprachige Dramatik nach 1945 im »Bannkreis Brechts« (ebd., 152) stehen sollte, war so selbstverständlich nicht; denn seine Anfänge als Theaterdichter fielen in eine »schlechte Zeit für Dramatik« (Müller 1985, 92). Doch in der Frontstellung zur damals dominierenden expressionistischen Bewegung gewann er rasch sein literarisches Selbstbewußtsein. Er vollzog deren ästhetische und ethische Postulate nicht mit, anstatt ihrer Idee vom ›neuen Menschen‹ nachzuhängen, stellte er in seinen frühen Dramen die Frage »nach dem Individuum, nach den Möglichkeiten seiner Selbstverwirklichung in einer Welt verdinglichter und zur Selbstentfremdung nötigender Prozesse« (ebd., 91). 1918 schrieb er *Baal*, sein erstes, damals schockierendes Stück um einen Lyriker, wüsten Säufer, Herumtreiber und Mörder, 1919 *Trommeln in der Nacht*, dessen Uraufführung 1922 in den Münchner Kammerspielen ein großer Erfolg wurde. Auf Veranlassung von Herbert Jhering, der enthusiastisch schrieb, Brecht habe mit *Trommeln in der Nacht* »über Nacht das dichterische Antlitz Deutschlands verändert« (zit. nach: Kesting 1959, 161), bekam Brecht den Kleist-Preis, eine bedeutende Auszeichnung für junge Dramatiker; mit gerade vierundzwanzig Jahren war er damit zu einem bekannten Autor avanciert.

Der Erfolg bestätigte Brecht in dem durch bereits angeknüpfte Kontakte schon länger vorbereiteten Entschluß, 1924 von Augsburg bzw. München endgültig nach Berlin überzuwechseln. Zwar hatte er in den beiden zurückliegenden Jahren als Dramaturg an den Münchner Kammerspielen und in Zusammenarbeit mit Lion Feuchtwanger seine Theatererfahrung vertiefen können, Berlin aber war der ideale ›Lernort‹ und das attraktivere Bewährungsfeld. Zwei Jahre arbeitete er, zusammen mit Carl Zuckmayer, als Dramaturg bei Max Reinhardt am Deutschen Theater, bevor er seinen eigenen Weg zu gehen begann; die im parabolischen Stil inszenierte Aufführung von *Mann ist Mann* 1928 an der Volksbühne war dafür ein wichtiger Impuls. Nach zehn Jahren hatte er jetzt die wesentlichen Lehrmittel für sein neues Theater beisammen, und es konturierte sich bereits auch die Lehre, dem diese Mittel dienen sollten. Sein Selbstklärungsprozeß hatte ihn von »der ›objektiven‹ Registrierung von Vorgängen der gesellschaftlichen Wirklichkeit zu deren kritischer Durchdringung mit Hilfe der materialistischen Dialektik« (Müller 1985, 126) geführt, zu der er im Jahre 1926 während der Vorstudien zu einem Stück über die Chicagoer Weizenbörse fand. Das geplante Drama *Jo Fleischhacker* wurde damals zwar nicht geschrieben, statt dessen begann Brecht Marx zu lesen, »und da, jetzt erst«, schreibt er in der biographischen Vorbemerkung zu den *Marxistische[n] Studien*, »las ich Marx« (20,46). Diese Marx-Lektüre war kein ›Damaskuserlebnis‹, in dessen Folge er sich plötzlich »vom antibürgerlichen Saulus zum Paulus proletarisch-revolutionären Weltveränderungsdenkens bekehrt hat« (Mennemeier

1982, 15), es handelte sich bei dieser Wandlung vielmehr um das Resultat seiner Auseinandersetzung mit den aktuellen Fragen der Zeit.

Je intensiver er mit der marxistischen Interpretation der politisch-ökonomischen Phänomene der modernen Gesellschaft vertraut wurde, um so mehr wuchs in ihm die Einsicht, daß diese Wirklichkeit mit den traditionellen Formen des Dramas und Theaters nicht mehr wiedergegeben werden konnte. So begann eine intensive Phase ästhetischer Experimente,[1] in der er anstelle der überwiegend oder ausschließlich künstlerisch-»kulinarischen« Funktion des Theaters eine gesellschaftliche, politische, pädagogische und gleichsam wissenschaftliche akzentuierte. Das erste Stück, das er zwischen 1928 und 1930 nach der neuen Methode konzipierte, die er »episch« und später auch »dialektisch« nannte, war die sozial- und kunstkritische Oper *Aufstieg und Fall der Stadt Mahagonny*. Im »Radioexperiment« *Der Flug der Lindberghs*, das später wegen Lindberghs Sympathien für den Nationalsozialismus in *Der Ozeanflug* umbenannt wurde, propagierte er den totalen Verzicht auf jede Transzendenz zugunsten des Fortschritts und der Aufklärung; in den übrigen Lehrstücken, *Die Maßnahme, Die Mutter, Die Ausnahme und die Regel, Der Jasager* und *Der Neinsager*, erprobte er die Einübung politischen Verhaltens. Ihre Intention, wichtig zu lernen sei vor allem das Einverständnis in das für die Gemeinschaft Wichtige, wurde im *Badener Lehrstück vom Einverständnis* titelgebend; am radikalsten ist es in dem Stück *Die Maßnahme* realisiert, in dem die Tötung eines Genossen damit gerechtfertigt wird, daß er die kommunistische Bewegung gefährdet habe. Sieg-

---

1 Brecht nennt seit dieser Zeit seine Arbeiten »Versuche«, publiziert sie in Heftform und numeriert sie, um ihren Charakter als experimentell angelegte Kunstübungen zu betonen, ohne dabei die Gattungen zu trennen. Die zwischen 1930 und 1953 erschienenen 35 Hefte enthalten die meisten Dramen, theoretische Schriften und Essays, einige Erzählungen sowie solche Lyriksammlungen in Auswahl, die nicht als Einzelpublikationen veröffentlicht worden sind.

fried Melchinger (1974) hat dieses Exempel politischen Theaters »abscheulich« genannt (198). Er gesteht Brecht allerdings zu, daß sein Blick auf die Wirklichkeit in anderen Stücken weniger eingeschränkt sei und zudem auch deren Widersprüchlichkeit berücksichtige. Mit dem noch »im Stil der Lehrstücke« (17,1036) geschriebenen Stück *Die Mutter*, vor allem aber mit dem kurz davor beendeten Stück *Die heilige Johanna der Schlachthöfe* fand Brecht in praktischen »Versuchen« zur Form des episch-dialektischen Theaters, bevor er noch die nichtaristotelische Dramatik systematisch begründete (vgl. Müller 1985, 157). Mit diesen beiden Stücken »trat das ›zeitgenössische Theater‹ mit seinem ›Schrei nach einer neuen Gesellschaftsordnung‹ in das Stadium der Erprobung« (ebd., 253). Weil letztlich nur die Menschen die Gesellschaft ändern können, will dieses Theater fortan das Leben beeinflussen; indem es die menschlichen Verhältnisse, Verfahren, Verhaltensweisen und Institutionen als veränderbar darstellt, will es den Zuschauer eben zu dieser Veränderung veranlassen.

Brechts marxistische »Wende« bedeutete freilich keineswegs, daß er die Unterhaltung völlig aus dem Theater verbannte; im Gegenteil fiel gerade in diese Zeit (1928) seine Arbeit an der überaus erfolgreichen *Dreigroschenoper*. Er hatte sie zwar als Affront gegen die »bessere« Gesellschaft gedacht, die aber jubelte ihm nun begeistert zu, vor allem goutierte sie die Songs mit der zündenden Musik von Kurt Weill. Da er sich eine andere, gesellschaftskritischere Wirkung gewünscht hätte, konnte Brecht über seinen bis dahin größten Erfolg keine ungetrübte Freude empfinden. Auch mit später vorgenommenen Änderungen vermochte er nicht zu verhindern, daß dieses Stück seinen Erfolg ungeschmälert im alten Sinn fortsetzte.

Nach der Uraufführung der Dreigroschenoper beanstandete der einflußreiche Theaterkritiker Alfred Kerr, Brecht habe Verse von Villon ohne Namensnennung übernommen. Der wies den zutreffenden Plagiatvorwurf mit der Begründung

zurück, in Fragen geistigen Eigentums praktiziere er eine
»grundsätzliche Laxheit« (zit. nach: Kesting 1959, 47).

Den Vorwurf hätte man Brecht später noch oft machen
können, denn er hat immer wieder bereits vorliegende literarische Werke bearbeitet, mit Vorliebe die der römischen
Antike, von Shakespeare und – in großem Umfang – Texte
der Bibel. Für ihn war alles bereits Formulierte Stoff, den
man brauchen konnte und durfte. Es lag in der Konsequenz
dieser Einstellung, daß er auch der Originalität der einsa-
men Dichterexistenz nichts abgewinnen konnte; er suchte
vielmehr den Kontakt, die Zusammenarbeit. Stets beteiligte
er Freunde und Freundinnen an seinen literarischen Pro-
duktionen, die wichtigsten direkten Mitarbeiterinnen wurden Elisabeth Hauptmann, Margarete Steffin und Ruth Berlau. »Trotz aller Mitarbeit von außen, trotz aller Einflüsse,
die andere Personen auf Brechts Werk ausgeübt haben, trägt
es [jedoch] den unverwechselbaren Stempel seiner Persönlichkeit« (Kebir 1987, 169).

Die nationalsozialistische »Machtergreifung« führte in
Brechts Leben und Werk zu einer harten Zäsur. Kommunist
aus Überzeugung, der er war, ohne jemals der Partei beige-
treten zu sein, hatte er sich mit seinen Arbeiten, u. a. durch
das Gedicht *Legende vom toten Soldaten*, früh den Haß
der Nationalsozialisten zugezogen. Unmittelbar nach dem
Reichstagsbrand am 27. Februar 1933 entzog er sich darum
ihrer absehbaren Verfolgung und floh über Prag, Wien und
Paris nach Dänemark, wo er in Svendborg mit seiner Familie und der Mitarbeiterin Margarete Steffin von 1933 bis
1939 lebte. Seine literarischen Werke wurden bei der Bü-
cherverbrennung am 10. Mai 1933 in die Flammen geworfen.

In der Hoffnung, so zur Stärkung der antifaschistischen
Kräfte in Deutschland beizutragen, daß sie den Zusammen-
bruch der Diktatur herbeiführen könnten, investierte
Brecht in der ersten Phase des Exils seine ganze Kraft in den
Kampf gegen den Hitler-Faschismus und richtete danach

Themen und Sprache seiner Werke aus: er schrieb antifaschistische Stücke und, zusammen mit Hanns Eisler, das
Liederbuch *Lieder, Gedichte, Chöre* (1934); er veröffent-
lichte 1939 die Sammlung der *Svendborger Gedichte*, die
unter anderem die *Deutsche Kriegsfibel* und die für den
deutschen Freiheitssender in Moskau geschriebenen *Deutschen Satiren* enthielten; er war Mitarbeiter an Emigranten-
zeitschriften, und er reiste zu internationalen Schriftsteller-
Kongressen, um dort gegen alle zu agitieren, die im Faschismus nur den Ausbruch von Barbarei sahen und meinten,
vor ihm die Kultur, nicht aber die Menschen retten zu müssen.

Brechts Überzeugung, daß der antifaschistische Widerstand
die Macht des Naziregimes brechen, vor allem den von Hitler angestrebten Krieg verhindern werde, dokumentiert sich
1938 in der ersten Fassung von *Leben des Galilei*, die im
historischen Geschehen das Thema eines noch möglichen
Widerstands im nationalsozialistischen Deutschland behan-
delt. Auf den sich dann doch abzeichnenden Kriegsaus-
bruch reagierte Brecht mit dem Antikriegsstück *Mutter
Courage und ihre Kinder* (1938/39), das seine nachhaltige
Wirkung allerdings erst nach dem Krieg entfalten sollte.

Der siegreiche Vormarsch der deutschen Wehrmacht an allen Fronten zwang Brecht, die Distanz zu seinen Verfolgern
zu vergrößern und über Schweden nach Finnland zu fliehen. Dort entstand sein typischstes Parabelstück *Der gute
Mensch von Sezuan* (1939/40) sowie das von ihm als
»Volksstück« eingeordnete Drama *Herr Puntila und sein
Knecht Matti*, das seine »haltbarste Komödie« darstellt
(Knopf 1989, 498). Durch die Ausweitung des Krieges sah
sich Brecht dann auch in Finnland gefährdet und, »öfter als
die Schuhe die Länder wechselnd«, floh er 1941 über die
Sowjetunion in die USA. Er ging nach Santa Monica in Ka-
lifornien, wo auch andere Exilautoren wie Alfred Döblin
und Heinrich Mann lebten, und versuchte sich unter anderem als Schreiber von Filmdrehbüchern in Hollywood,

allerdings – von *Hangmen also die* abgesehen – mit wenig Erfolg. Auch mit seinen Stücken fand er kaum Resonanz, weder mit der noch aus Finnland mitgebrachten Gangster-parabel *Der aufhaltsame Aufstieg des Arturo Ui* (1941) noch mit der Hašek-Adaption *Schweyk im Zweiten Weltkrieg* (1943).

Brecht hat sich in keinem seiner Gastländer auf Dauer ein-gerichtet, immer blieb die Rückkehr nach Deutschland sein Ziel, und diese Grundeinstellung erhielt ihm auch seine Kraft zu literarischer Produktion. Dabei hätte es kaum ver-wundert, wenn die sich stetig verlängernde Isolierung ihn entmutigt und seine literarisch-künstlerische Schaffenskraft gelähmt hätte. Tatsächlich gab es auch Momente dieser Art. Solche Menschen [wie er] hätten »keine Gegenwart« schreibt er in dem bereits in Dänemark entstandenen Ge-dicht *Exil* (9,555). Das heißt: »In ein fremdes Sprachgebiet verschlagen, ohne Kommunikation, also ohne Resonanz und Kritik, ist der Schriftsteller ohne produktive Span-nung: ihm fehlt nicht nur das Echo, ihm kommt auch keine Erwartung entgegen« (Hinck 1978 [b], 109). Das Gedicht endet mit der Klage: »Dort spricht der, dem niemand zu-hört: / Er spricht zu laut / Er wiederholt sich / Er sagt Fal-sches: / Er wird nicht verbessert« (9,557). Trotz dieses Klagerufs, der in der »inzwischenzeit«[2], als die Möglichkeit einer Rückkehr nach Deutschland auf absehbare Zeit aus-geschlossen war, noch mehr Berechtigung gehabt hätte als in Dänemark, resignierte Brecht nicht. Allerdings veränderte

---

2 Im *Arbeitsjournal* notiert Brecht unter dem Datum vom 19. 8. 1940: »im au-genblick kann ich nur diese kleinen epigramme schreiben, achtzeiler und jetzt nur noch vierzeiler [. . .] wie kann man sich vorstellen, daß dergleichen je wieder sinn bekommt? das ist keine rhetorische frage. ich müßte es mir vorstellen können. und es handelt sich nicht um hitlers augenblickliche siege, sondern ausschließlich um meine isolierung, was die produktion be-trifft. wenn ich morgens die radionachrichten höre, dabei boswells LEBEN JOHNSONS lesend, und in die birkenlandschaft mit nebel vom fluß hin-ausschielend, beginnt der unnatürliche tag nicht mit einem mißklang, son-dern mit gar keinem klang. das ist die *inzwischenzeit*« (AJ 151).

das Exil seine Schaffensbedingungen, es wirkte sich auf die Form und Gattungen der Werke aus und schränkte die Möglichkeiten seiner »totalen Wirkungsästhetik«[3] erheblich ein.

»An die Stelle der Theaterpraxis mußte [...] die intensive theoretische Reflexion treten, in der Brecht die verhinderte Anwendung gewissermaßen konstruierte und postulierte« (Müller 1985, 253). Sie fand einmal ihren Niederschlag im *Messingkauf* (1939–55) und in den Vorarbeiten zu dem 1948 niedergeschriebenen *Kleinen Organon für das Theater*; zum anderen war sie verbunden mit einer mit *Leben des Galilei* einsetzenden systematischen Weiterentwicklung der ästhetischen Form, die sich zum Typus des Parabelstücks verdichtete (vgl. ebd.).

In der Lyrik führte das Exil nicht nur zu einem neuen Typus politischer Texte in der Art der *Lieder, Gedichte, Chöre*, der *Svendborger Gedichte* und der *Kriegsfibel* (veröffentlicht 1955), es förderte auch »den breiten Strom« der »persönlich gefärbten, von der eigenen Situation ausgehenden und sie bedenkenden« (Hermsdorf 1978, 34) *Gedichte im Exil* (veröffentlicht 1948) oder der Auswahl der (zu Lebzeiten Brechts nicht erschienenen) *Steffinischen Sammlung*.

Die Schaffensbedingungen des Exils »begünstigten« nicht zuletzt die Produktion der Prosa (ebd., 35). Der weitaus größte Teil von Brechts epischen Experimenten entstand in Dänemark, Schweden und Finnland: die Hälfte seiner Erzählungen, der *Dreigroschenroman* (1934), die vier Bücher des Romanfragments *Die Geschäfte des Herrn Julius Cäsar* (1940), die Fragment gebliebenen *Flüchtlingsgespräche* (1940), die meisten Texte zu *Me-Ti. Buch der Wendungen* (1937–42) und die Entwürfe zu einem groß angelegten, wenngleich schwer rekonstruierbaren epischen Projekt, das

3 Der Begriff stammt von Walter Hinck (1978 [b]). Gemeint ist damit »eine Ästhetik, die dem Werk wie dem Autor nur noch Bedeutung zuspricht, sofern sie noch eine das Handeln mobilisierende Wirkkraft besitzen« (121).

Brecht meist seinen *Tui-Roman* nannte. Dieser Bestand ist
nach der Rückkehr aus der Emigration nicht mehr erweitert
worden.

Als sich das Kriegsende abzeichnete, stellte Brecht seine
Arbeit erneut um: »Er will jetzt einerseits davor warnen,
daß auch nach diesem Krieg – die Zerschlagung des Hitler-
faschismus vorausgesetzt – die alten Verhältnisse erneut
restauriert werden, und andererseits propagiert er die Einführung des Sozialismus (in Deutschland), und zwar durch
Revolutionierung der Verhältnisse ›von unten‹, das heißt,
getragen von den betroffenen Massen« (Knopf 1989, 499 f.).
Die Parabel vom *Kaukasischen Kreidekreis* (1944) demonstriert dafür das eine Modell, das der Übernahme des Besit-
zes durch das Volk – »daß da gehören soll, was da ist, denen, die für es gut sind«. Das andere, nach der Rückkehr
aus den USA entworfene Modell *Die Tage der Kommune*
(1948/49) propagiert eine revolutionäre Lösung; das heißt,
es plädiert für ein sozialistisches Deutschland. Brechts Entscheidung für die DDR war insofern nur folgerichtig, obwohl er nie ihr Staatsbürger wurde; er behielt seinen 1950
erworbenen österreichischen Paß.

In der Aufbauphase der DDR schrieb Brecht, beispielsweise
mit dem *Aufbaulied* (1948), dem *Zukunftslied* (1949) und
einigen Gedichten der *Neue[n] Kinderlieder* (1950), Texte,
die ihm im Westen den Ruf des »ideologiekonformen Lob-
redners eines politischen Zwangssystems« (Holtz 1983,
372) eintrugen. Der politische Grundton dieser Lieder und
Gedichte blieb in Brechts später Lyrik jedoch nicht bestimmend; diese – vor allem die Fragment gebliebene Sammlung
Buckower Elegien – kennzeichnet eher eine nüchterne Einschätzung der Lage. So unzweifelhaft Brechts »Option für
den gesellschaftlichen Systemwandel war, so sehr war er
sich bewußt, daß die gegenwärtige Wirklichkeit der DDR
die Schatten der Vergangenheit noch keineswegs abgestreift
hätte, und daß die sozialistische Gesellschaftsordnung gegenwärtig noch keineswegs erreicht, sondern wesentlich erst
als Ziel sichtbar sei« (Schwarz 1978, 99).

Die letzten Jahre Brechts galten – neben dem Engagement in der Akademie der Künste und im PEN-Zentrum – der praktischen Theaterarbeit im Berliner Ensemble. Einzig das Drama *Turandot oder der Kongreß der Weißwäscher* (1953), »das sich mit der Rolle der anpasserischen Intellektuellen zur Zeit des Faschismus, in Spiegelung aber auch im Nachkriegsdeutschland, kritisch auseinandersetzt« (Knopf 1989, 502), schrieb er in diesen Jahren noch. Ansonsten konzentrierte sich seine Theaterarbeit auf die Bearbeitung klassischer Stücke (z. B. von Shakespeare, Molière, Sophokles) sowie auf die modellhafte Inszenierung der eigenen Werke. Die Umgestaltung des 1940 geschriebenen Hörspiels *Das Verhör des Lukullus* zur Oper *Die Verurteilung des Lukullus*, mit der Musik von Paul Dessau, führte 1951 zu nachhaltigen Kontroversen mit der Staatsführung; die schließlich zugestandene, politisch im voraus aber zum Mißlingen bestimmte »Probeaufführung« wurde, dank der anwesenden West-Zuschauer, ein sensationeller Erfolg, wegen dieses Publikums freilich auch zu einer eindrucksvollen politischen Demonstration. Die Neuinszenierung von *Leben des Galilei* konnte Brecht nicht mehr zu Ende bringen, er starb noch während der Proben am 14. August 1956 an den Folgen eines Herzinfarkts. Wunschgemäß wurde er am 17. August ›in aller Stille‹ auf dem Dorotheenstädtischen Friedhof neben seiner Wohnung in der Chausseestraße beigesetzt.

1955 hat Brecht in einem Gespräch mit dem Theaterwissenschaftler Ernst Schumacher die berühmte Zeile aus der *Dreigroschenoper* »Erst kommt das Fressen, dann kommt die Moral« (2,457) als den Satz bezeichnet, der ihm einen dauerhaften Platz in der Literaturgeschichte verschaffen würde (Schumacher 1981, 20). Er könnte damit die von ihm immer wieder variierte Grundkonstellation seines Werkes gemeint haben, aus der er den Sinn des menschlichen Daseins zu gewinnen trachtete: »das Verhältnis von Materialität und Idealität oder, wenn man so will, Sein und Bewußtsein« (Schöttker 1989, 123). Schumachers Bericht legt aller-

dings die Deutung nahe, daß hier Brechts Angst vor einer
möglicherweise nur geringen Wirkung deutlich werde. Ob
dieser Satz nur Koketterie gegenüber der eigenen Berühmt-
heit oder ein prophetischer Blick in die Zukunft war, bleibe
dahingestellt. Wenn auf den Berliner Brecht-Tagen des Jahres 1994, die gegenwärtige Einstellung zu Brecht charakteri-
sierend, gesagt worden ist, er sei an dem zu langanhaltenden
Fieber gestorben, das er in früheren Jahren entfacht habe,
läßt dies allerdings schon aufmerken. Ist Brecht nach der
mit seiner Kanonisierung als Klassiker verbundenen poli-
tisch-gesellschaftlichen Wirkungslosigkeit, die ihm Max
Frisch schon früh bescheinigte, nun auch noch zur öffentlichen Bedeutungslosigkeit abgesunken, interessant allenfalls
noch unter literaturhistorischer Perspektive? Die Frage ist
derzeit nicht zu beantworten. Es ist denkbar, daß mit dem
Zusammenbruch des Sozialismus auch seine Themen gegenstandslos geworden sind, es könnte aber auch sein, daß sie
sich ganz neu stellen. Vielleicht ist darum in dieser Situation
literaturhistorisches Interesse nicht die schlechteste Möglichkeit, ihre Relevanz zu befragen.

»wenn man ein thema völlig ausschöpft, entsteht sofort der
eindruck der leere«, notierte Brecht am 12. September 1940
in seinem *Arbeitsjournal* und fuhr fort: »sein thema vertiefen heißt seinem faß den boden ausschlagen« (AJ 168). Aus
diesem Arbeitsprinzip leitet Reinhard Baumgart (1989) an
heutige Rezipienten die bedenkenswerte Empfehlung ab:
»Genau das sollte [...] eine Lektüre von Brechts allzu ge-
brauchsfertigen Meisterwerken versuchen, um sie zu retten
für unser Interesse ein halbes Jahrhundert nach ihrer Niederschrift. Denn wenn sie sich zweifelsfrei und wider-
standslos reduzieren ließen nur auf das, was sie meinen oder
zu meinen glauben nach den Absichten und Gebrauchsan-
weisungen des Verfassers und den ihnen blindlings folgenden Deutungen von Anhängern wie Gegnern, dann wäre
über sie als ästhetische Gebilde nicht mehr zu reden: längst
ausgeschöpft, stünden sie tatsächlich leer« (258).

III. Interpretationen

1. Dramen

Ich bin ein Stückeschreiber. Ich zeige
Was ich gesehen habe. Auf den Menschenmärkten
Habe ich gesehen, wie der Mensch gehandelt wird. Das
Zeige ich, ich der Stückeschreiber.

Lied des Stückeschreibers (9,789)

1.1. Dramaturgie der Veränderung –
Brechts Theatertheorie

Von Aristoteles über Lessing und die Klassik bis in die Moderne hinein bestand »grundsätzliche« Übereinstimmung »in der Funktion des Theaters als Kunstanstalt, die dem Publikum zur Unterhaltung und Belehrung dient« (Klotz 1976, 219); es bestand Kongruenz »in der ästhetischen Tätigkeit, zwischenmenschliche Geschehnisse nachahmend vorzuführen, wobei im dargestellten Einzelfall dessen Gesetzmäßigkeit möglichst restlos aufgeht« (ebd.); und es bestand Einigkeit »im Ziel szenischer Illusion, die den dramatischen Ereignistext als scheinbar selbstzwecklichen Eigenbereich entfaltet, wobei der Veranstaltungscharakter weitgehend überspielt wird« (ebd.).

Diese grundsätzliche Übereinstimmung wurde aufgegeben, als Brecht mit dem Identifikationstheater brach und seine eigene Dramaturgie, die er seit 1926 »episch« und später auch »dialektisch« (16,869) nannte, in Funktion, ästhetischer Tätigkeit und Ziel ausdrücklich vom überkommenen »dramatischen« Theater abgrenzte. Biographisch hat sich die Entwicklung der ästhetischen Vorstellungen Brechts in engem Zusammenhang mit seiner weltanschaulich-politischen Entwicklung zum Marxisten vollzogen (vgl. Hecht 1986, 75 ff.; Mittenzwei 1987/1, 251 ff.). In der marxisti-

schen Gesellschafts- und Geschichtstheorie erfuhr seine
Ästhetik »ihre systematische Grundlegung«, sie ist daher in
erster Linie »eine politische Theorie des Theaters« (Müller
1985, 201). Brecht verstand das Theater von Anfang an als
»Instrument revolutionärer Ideologiekritik« (ebd., 237), als
»wirkungsvolles Medium einer gesellschaftlich eingreifen-
den Praxis« (ebd.). Das Epische bzw. Dialektische seines
Theaters war, wie er 1956 in einem Gespräch sagte, immer
»eine Kategorie des Gesellschaftlichen und nicht des Ästhe-
tisch-Formalen« (zit. nach: Müller 1985, 202).

Brecht hat nicht ein systematisches Theoriekonzept in ästhetische Praxis umgesetzt, er hat die Theorie vielmehr in
engem Konnex mit der Theaterarbeit entwickelt; nicht zufällig präsentieren sich Definitionen und Funktionsbestim-
mungen des »episch-dialektischen« Theaters (vgl. Müller
1985, 202) vielfach in Form von »Anmerkungen zu Stücken
und Aufführungen«. Eine geschlossene Ästhetik des Theaters hat Brecht nicht geschrieben, er hat nur »Bruchstücke«
(AJ 442) entworfen, die ihre bedeutendsten Formulierungen in *Der Messingkauf* und in *Kleines Organon für das
Theater* gefunden haben.

»viel theorie in dialogform« (AJ 37) ist der in der Hauptsa-
che 1939/40 entstandene, allerdings unvollendet gebliebene
Messingkauf. In vier Nächten diskutieren ein Philosoph, ein
Dramaturg, zwei Schauspieler und ein Bühnenarbeiter über
das alte und das neue Theater des »wissenschaftlichen Zeitalters«, indem sie die Theorie selbst als Theater vorstellen.
Obwohl die Gespräche des *Messingkauf* zuweilen als einzigartige und von anderen unerreichte Theatertheorie ein-
geschätzt werden (vgl. Knopf 1980, 452 f.; Müller 1985,
215 f.), gilt das *Kleine Organon*, ein in der Art eines Kate-
chismus oder eines Gesetzeswerkes verfaßter Text, zumeist
als Brechts dramaturgische Hauptschrift. Dies ist insofern
nachvollziehbar, als es eine den *Messingkauf* kurz zusam-
menfassende (vgl. AJ 835) »bilanzierende Standortbestim-
mung« (Müller 1985, 233) darstellt, geschrieben 1948, bevor

Brecht um 1954
im Theater am Schiffbauerdamm

Brecht nach langen Jahren des Exils die praktische Theaterarbeit wiederaufnahm.

Mehr als jede andere literarisch-künstlerische Gattung war
das Theater immer schon unmittelbar publikumsorientiert,
nach Lessing hat jedoch kein Dramatiker »die Theorie des
Dramas mit solcher Konsequenz [...] als Wirkungsästhetik
erörtert wie Bertolt Brecht« (Hinck 1978 [b], 106). Er bezieht sich zwar auf Aristoteles, wendet sich aber gegen die
ihm zugeschriebene »Einfühlung« als »Grundpfeiler der
herrschenden Ästhetik« (15,298) und entwirft eine neue, auf
politische Wirkung ausgerichtete Dramaturgie, deren zentrale Bestandteile in den Begriffen Verfremdung, Historisierung, Gestus und Parabel gefaßt sind (vgl. Müller 1985,
215).

Die maßgeblichen »Akzentverschiebungen« (17,1009) von
dem herkömmlichen »dramatischen« zu seinem episch-dialektischen Theater formulierte Brecht erstmals zusammen-
fassend 1930 in den *Anmerkungen zur Oper »Aufstieg und
Fall der Stadt Mahagonny«* (17,1004 ff.) in einer prägnanten
Gegenüberstellung: Während die Bühne in der »dramatische[n] Form des Theaters« danach »einen Vorgang [...]
›verkörpert‹« und den Zuschauer »in eine Aktion [...] verwickelt, macht sie ihn in der »epische[n] Form« zum »Betrachter« und »erzählt« ihm eine Geschichte; er wird nicht
mehr »in eine Handlung hineinversetzt«, sondern »ihr ge-
genübergesetzt«, denn es wird im Drama nicht länger »mit
Suggestion«, sondern »mit Argumenten« gearbeitet. So
weckt das episch-dialektische Theater »die Aktivität« des
Zuschauers, »erzwingt von ihm Entscheidungen«, »vermittelt ihm Kenntnisse« und treibt seine Empfindungen »bis
zu Erkenntnissen«, während das dramatische Theater ihm
gerade diese »Gefühle« ermöglicht und »Erlebnisse« vermittelt.

Im Zuschauer des episch-dialektischen Theaters soll also,
anders als in dem illusionistischen Drama der aristotelischen Traditionslinie, nicht an das Gefühl appelliert wer-

den, sondern an den Verstand. Brechts Dramaturgie zielt nicht auf den emotional beteiligten, sondern auf den distanziert-kritischen Zuschauer, er empfiehlt daher – im Vortrag *Über experimentelles Theater* (1939/40) –, an die Stelle der aristotelischen Kategorien »Furcht« und »Mitleid« die »Wissensbegierde« und »Hilfsbereitschaft« zu setzen (15,301). Der Zuschauer soll »nicht mehr aus seiner Welt in die Welt der Kunst entführt, nicht mehr gekidnappt werden; im Gegenteil sollte er in seine reale Welt eingeführt werden, mit wachen Sinnen« (ebd.). Die Darstellungsweise, mit der Brecht derart die Zuschauerreaktionen evozieren zu können glaubt, ist die »Verfremdung«[1]; sie hat die Theorie und Praxis des episch-dialektischen Theaters so sehr bestimmt, daß sie als bestimmende »Grundstruktur« des Brechtschen Werkes bezeichnet wurde (Grimm 1968). Die Verfremdung soll einem »Vorgang« oder einem »Charakter das Selbstverständliche, Bekannte, Einleuchtende« nehmen und »über ihn Staunen und Neugierde« erzeugen: »Verfremden heißt [...] Historisieren, heißt Vorgänge und Personen als historisch, also als vergänglich darstellen« (15,302).
Ist die Verfremdung das grundlegende Verfahren des episch-dialektischen Theaters, so die Historisierung ihre umfassende inhaltliche Bestimmung und zugleich wichtigste formale Ausprägung (vgl. Müller 1985, 227). Die Verfremdung prägt die Stückproduktion wie die Bühnenrealisierung. Stückaufbau, Fabel- und Figurenkonzeption, das gesamte Repertoire stückimmanenter Episierungstechniken – die sogenannten V-Effekte – wie Kommentar- und Erzählerfiguren, Projektionen, Chöre, Songs, Titel usw., die sprachliche Gestaltung: »sie alle reflektieren auf je eigene Weise das Prinzip der Verfremdung« (ebd., 228).
Mit der Verfremdung erarbeitete Brecht dem episch-dialektischen Theater eine ästhetische Kategorie, die gleicherma-

---

1 Zu den Grundlagen des Begriffs vgl. Knopf 1980, 378 ff.; zur materialistischen Sicht vgl. Schumacher 1955, 156 ff. und 1981, 119 ff.

ßen adäquat die dialektische Erkenntnis im Zuschauer wie die Darstellung gesellschaftlicher Prozesse auf der Bühne möglich werden läßt. »Die Vorgänge unter den Menschen, ihr Verhalten zueinander«, schreibt Brecht über die »Nützlichkeit des V-Effekts« (15,364), »sollen dem Befremden der Zuschauer« (ebd.) ausgeliefert werden. Oder anders formuliert: Zweck ist, »den allen Vorgängen unterliegenden gesellschaftlichen Gestus zu verfremden« (15,346), wobei mit dem gesellschaftlichen Gestus »der mimische und gestische Ausdruck der gesellschaftlichen Beziehungen gemeint« ist, »in denen die Menschen einer bestimmten Epoche zueinander stehen« (ebd.).

Mit dem Begriff »Gestus« zielt Brecht ebenso auf die Wirklichkeit selbst wie auf ihre theatralische Darstellung. »Der gesellschaftliche Gestus, das Ensemble epochal und sozial typischer Verhaltensweisen, Haltungen und Sprechweisen, arbeitet den allgemeinen gesellschaftlichen Charakter der auf der Bühne gezeigten besonderen Vorgänge und Figuren heraus. Das gestische Material [...] auszustellen ist zugleich die vorrangige Aufgabe der episch-dialektischen Spielweise« (Müller 1985, 228). Was durch schauspielerische und bühnentechnische Maßnahmen verfremdet dargestellt wird, soll vom Publikum auch so wahrgenommen werden, soll Erstaunen hervorrufen und Kritik nach sich ziehen. Indem das episch-dialektische Theater die theatralische Illusion zerstört, die das dramatische sich zum Ziel gesetzt hatte, wird die Bühne »zu einem öffentlichen Forum, gleichsam zu einer Art Theater-Laboratorium, in dem gesellschaftliche Verhaltensweisen einer kritischen, ›wissenschaftlichen‹ Prüfung unterzogen werden« (ebd.).

Mehrfach hat Brecht selbst davon gesprochen (vgl. u. a. 16,539 ff.; B 241), daß seine Stücke analog zu den Prinzipien eines wissenschaftlichen Experiments konzipiert seien (vgl. Schöttker 1989, 159 ff. u. 270 ff.), wie dieses nicht mit der Wirklichkeit identisch, sondern sie in vereinfachter Form nachbauend, um dadurch zu Erkenntnissen zu gelangen.

Statt wie das dramatische Theater menschliche Wirklichkeit nachzuahmen, rekurriert er auf den wissenschaftlichen Modellbegriff, um sein Konzept »von Kunst *in* der Wirklichkeit zu beschreiben« (Müller 1985, 231). Im *Messingkauf* läßt er den Philosophen sagen: »Man könnte Vorfälle aus dem gesellschaftlichen Zusammenleben der Menschen, welche der Erklärung bedürftig sind, nachahmen, so daß man diesen plastischen Vorführungen gegenüber zu gewissen praktisch verwertbaren Kenntnissen kommen könnte« (16,529 f.). Noch deutlicher konturiert Brecht den modellbildenden Charakter im Vortrag *Über experimentelles Theater*. Dort fordert er, »mit künstlerischen Mitteln ein Weltbild zu entwerfen, Modelle des Zusammenlebens der Menschen, die es dem Zuschauer ermöglichen [. . .], seine soziale Umwelt zu verstehen und sie verstandesmäßig und gefühlsmäßig zu beherrschen« (15,294 f.). Die derart »mit Hilfe der Kunst hergestellten praktikablen Weltmodelle« sind also »bildhafte Abstraktionen von Wirklichkeit, die den kritisch-reflektierenden Erkenntnisvorgang beim Zuschauer beschleunigen helfen« (Müller 1985, 231).

Brechts Position des modellbildenden Stückeschreibers entspricht der eines Parabelerzählers, »der das Verhalten der Menschen nicht zuletzt deshalb zum Gegenstand eines Gleichnisses macht, um die Zuhörer von seiner Sicht der Dinge zu überzeugen« (Schöttker 1989, 270). Seinen Modellbegriff inhaltlich präzisierend, hat Brecht die großen Stücke des episch-dialektischen Dramas darum konsequenterweise auch als Parabeln gestaltet. Die Parabel ist immer als eine Form der Lehrdichtung mit agitatorischer Tendenz genutzt worden, bei Brecht allerdings kommt hinzu, daß die Grundlage seiner Realitäts-Deutungen die marxistische Gesellschaftslehre ist, die sich als wissenschaftlich versteht; deshalb verbindet die Brechtsche Parabel rationale Agitation und wissenschaftlichen Anspruch (vgl. ebd., 270 f.). »Die Strukturen, die das gesellschaftliche Zusammenleben der Menschen prägen, sollen nicht nur offengelegt werden,

um nachzuweisen, daß der geschichtliche Prozeß gesetz-
mäßig verläuft, sie sollen zugleich auch die Notwendigkeit
der Veränderung demonstrieren, die sich aus Einsicht in die
historische Gesetzmäßigkeit ergibt« (ebd.).
Die Möglichkeit der Veränderung begründet für Brecht den
Sinn von Theater überhaupt. Indem das episch-dialektische
Theater den Illusionscharakter des dramatischen überwindet, wird es frei für erzieherische und politische Wirkungen,
vermittelt es dem Zuschauer »eine neue Haltung« (17,1010)
und macht ihn fähig, aus der Rolle des Mitleidenden und
Duldenden in die Rolle dessen zu wechseln, der, im Sinne
des Marxismus, sein Schicksal selbst in die Hand nimmt
und gestaltet: »[Der Mensch] wird auch im Theater empfan-
gen als der große Änderer, der in die Naturprozesse und die
gesellschaftlichen Prozesse einzugreifen vermag, der die
Welt nicht mehr nur hinnimmt, sondern sie meistert. Das
Theater versucht nicht mehr, ihn besoffen zu machen, ihn
mit Illusionen auszustatten, ihn die Welt vergessen zu machen, ihn mit seinem Schicksal auszusöhnen. Das Theater
legt ihm nunmehr die Welt zum Zugriff vor« (15,302 f.).
Ziel der Dramaturgie Brechts ist, »was man die ›Emanzipa-
tion des Zuschauers‹ nennen kann« (Hinck 1978 [b], 106).
Anders als das aristotelische Drama verlangt Brecht vom
Zuschauer eine erhebliche aktiv-schöpferische Leistung, die
Darstellungen auf der Bühne sollen ihn zur denkenden Mitarbeit anregen, ihn eingreifendes Denken lehren. Er soll
produktiv werden »über das Schauen hinaus« (ebd., 700),
über die Kunst hinaus in die gesellschaftliche Praxis hinein-
wirken.[2] Indem der »späte« Brecht das eingreifende Denken
als Lust und die Dialektik auf dem Theater als Genuß auf-

---

2 Den konkreten Praxisbezug von Brechts Dramaturgie betonten vor allem
 Forscher in der DDR. Bei Schumacher (1981, 80) heißt es dazu: »Das Entscheidende an Brechts Auffassung und Handhabung der Dialektik ist nicht
 die Aufdeckung und Erhellung von Widersprüchen der Wirklichkeit
 schlechthin, sondern zum Zweck, die Erkenntnisse zur Veränderung der
 Wirklichkeit zu benützen, sie durch Tat zu einer neuen Wirklichkeit zu machen.«

faßt, kann er Unterhaltung und Belehrung, die beiden Grundfunktionen der Kunst, bruchlos in sein Konzept integrieren. Den »*Katzgraben«-Notaten* von 1953 stellte er das Motto voraus: »Es ist nicht genug verlangt, wenn man vom Theater nur Erkenntnisse, aufschlußreiche Abbilder der Wirklichkeit verlangt. Unser Theater muß die *Lust* am Erkennen wecken, den *Spaß* an der Veränderung der Wirklichkeit organisieren. Unsere Zuschauer müssen nicht nur hören, wie man den gefesselten Prometheus befreit, sondern sich auch in der Lust schulen, ihn zu befreien. Alle die Lüste und Späße der Erfinder und Entdecker, die Triumphgefühle der Befreier müssen von unserm Theater gelehrt werden« (16,774).

Für Brecht hat die heutige Welt nicht nur Änderungen nötig, er hält sie auch für veränderbar und betrachtet das Theater als ein wichtiges Movens dieser Veränderung (vgl. 16,929 ff.). In diesem Sinne praktiziert das episch-dialektische Theater eine »Dramaturgie der Veränderung« (vgl. Müller 1985, 209), versteht es sich als Drama des gesellschaftlichen Eingriffs (ebd.).

Ein Jahr vor seinem Tod hat Brecht in einem Essay für das Darmstädter Dramaturgengespräch den Grundantrieb seiner Theaterarbeit noch einmal pointiert so beschrieben: »In einem Zeitalter, dessen Wissenschaft die Natur derart zu verändern weiß, daß die Welt schon nahezu bewohnbar erscheint, kann der Mensch dem Menschen nicht mehr lange als Opfer beschrieben werden, als Objekt einer unbekannten, aber fixierten Umwelt. Vom Standpunkt eines Spielballs aus sind die Bewegungsgesetze kaum konzipierbar« (16,930). Gerade weil die »Bewegungsgesetze« menschlicher Gesellschaft bislang »im Dunkeln gehalten« (ebd.), folglich auch nicht durchschaut wurden, stehe die Menschheit heute »vor der totalen Vernichtbarkeit des kaum bewohnbar gemachten Planeten« (ebd.). Es sei daher – wie es in dem Staat, in dem er lebe, geschehe – erforderlich, neue Mittel und Wege zu erproben, um die »heutige Welt« zu verändern (16,931), eben auch auf dem Theater.

Seine Einsicht faßt er zum Schluß seiner Überlegungen
noch einmal zu der »Meinung« zusammen, »daß die heutige
Welt auch auf dem Theater wiedergegeben werden kann,
aber nur, wenn sie als veränderbar aufgefaßt wird« (ebd.).

1.2. Frühe Dramen

Brecht erprobte sein Talent am Drama, seit er als Fünfzehn-
jähriger den Einakter *Die Bibel* verfaßt hatte. 1919 schrieb
er fünf weitere solcher kleinen Stücke, von denen die Komödie *Die Kleinbürgerhochzeit* auch später noch Interesse
fand. Schon vor den Einaktern und parallel zu ihnen versuchte er sich auch an großen Stücken, es entstand 1918/19
das Spiel vom animalisch-selbstsüchtigen Glückssucher Baal,
ihm folgten 1919 das an das Absurde heranreichende (vgl.
17,945) Heimkehrerstück *Trommeln in der Nacht* und bis
zum Jahr 1924 *Im Dickicht der Städte*, eine Satire auf den
Mythos der Großstadt (vgl. Mennemeier 1973, 271), und
die Marlowe-Bearbeitung *Leben Eduards des Zweiten von
England*. Formal anfangs noch vom Expressionismus beeinflußt, setzten die vier Stücke inhaltlich dessen idealisier-
tem Menschenbild verschiedenartige dramatische Bilder
entgegen, die gleichermaßen den anarchisch selbstsüchtigen
Genießer wie beschädigte und sich selbst entfremdete Menschen zeigen. »Der gemeinsame Bezugspunkt ist das Problem der Individualität und der Identität in einer Wirklichkeit, die dem herkömmlichen Verständnis der Persönlichkeit und damit auch dem alten Verständnis des Dramas als
zwischenmenschliche Interaktion gegenläufig ist« (Müller
1984, 89).
Mann ist Mann, Brechts fünftes Stück, bringt Veränderungen im dramatischen Schaffen Brechts, inhaltliche sowohl
wie formale. Die Frage, wie das Individuum seine unver-
wechselbare Identität behaupten kann, wird nicht länger
mit satirisch-komischen oder kritischen Gegenbildern zu

bürgerlichen Lebens- und Wertvorstellungen beantwortet, sondern mit dem Idealbild eines Kollektivs, aus dem der Einzelne neue Kraft gewinnt. Brechts »Widerspruchsgeist« (17,945) hat sich zu politischem Denken, sein Theaterkonzept zu einer »Dramaturgie des Publikums« (Klotz 1976) weiterentwickelt, die Konsequenzen aus dem Gezeigten fordern. Zum erstenmal ist in *Mann ist Mann* die Parabelform verwendet, zum erstenmal begegnet hier auch die Durchführung des Themas auf verschiedenen Spielebenen, die einander erläutern und kommentieren. Das »epische Theater« ist angesagt.

Baal. *Baal* ist Brechts erstes Drama, das auf einer Bühne aufgeführt wurde. Er schrieb es in einer ersten Fassung 1918 als erklärten Gegenentwurf zu dem Drama *Der Einsame. Ein Menschenuntergang* von Hanns Johst, einem expressionistischen Lebensbild des Dichters Grabbe. Bereits in der zweiten Fassung, die er zur Vorlage bei Verlagen und als Bühnenmanuskript hergestellt hat, ist »das Moment der Kontrafaktur« jedoch »weitgehend zurückgenommen« (Müller 1985, 93). Daß die Gestaltung des Baal-Stoffes in dieser, nach geringfügigen Änderungen 1922 im Druck erschienenen Fassung »den stärksten dichterischen Ausdruck« gefunden habe (Schmidt 1966, in: Ba, 204), ist die übereinstimmende Meinung von Freunden (vgl. Münsterer 1977) und Interpreten (vgl. Knopf 1980). Insgesamt existieren von Brechts Erstlingswerk fünf verschiedene Fassungen (vgl. Schmidt 1966, in: Ba; Knopf 1980, 13 ff.). Zuletzt hat er das Stück noch einmal, unter Mithilfe von Elisabeth Hauptmann, im Sommer 1954 bearbeitet. Er hat zur Abfassung dieser Version auch auf ein ungedrucktes Typoskript von 1919 zurückgegriffen, das er für die älteste und gelungenste Fassung von 1918 hielt; diese letzte Fassung wurde in die »Werkausgabe« aufgenommen.

Die Uraufführung von *Baal* am 8. Dezember 1923 im Alten

Theater in Leipzig löste einen Skandal und heftige Kritiker-
kontroversen aus, das Stück wurde sofort vom Spielplan
abgesetzt. Nicht anders erging es der Inszenierung, die
Brecht 1926 für die »Junge Bühne« am Deutschen Theater
in Berlin erarbeitet hatte. Abgesehen von einer Aufführung
im gleichen Jahr in Wien, für die Hugo von Hofmannsthal
ein Vorspiel geschrieben hatte, ist das Stück erst wieder
1963 in Darmstadt gespielt worden – diesmal mit großem
Erfolg.

Den ersten Entwurf zu dem Stück hat Brecht mit den Sätzen überschrieben: »Baal frißt! Baal tanzt! Baal verklärt
sich!!!« (B 38). Dieser expressive Titel ordnet Natur (Fressen) und Kunst (Tanz) so einander zu, daß sie in der
Selbstverklärung eines ungeheuren Lüstlings und Genie-
ßers aufgehoben sind, daß »das der Natur immanente Zer-
störungsprinzip zugleich als Prinzip des Lebens erscheint:
als Prinzip der Wollust des Untergangs« (Frühwald 1984,
34). Obwohl es eine verkürzte Sicht sein dürfte, den *Baal*
»vordringlich als unvermittelten Ausdruck damaliger
Brechtscher Lebensweise oder damaligen Brechtschen Den-
kens« zu verstehen (Mennemeier 1973, 276), wie Ernst
Schumacher (1955) dies tut, hat das »baalische Weltgefühl«
(1,8) des unmäßigen Kraftkerls mit dem chronisch erhöhten
Alkohol- und Frauenkonsum durchaus Entsprechungen in
der Biographie des Autors. Der elementare Vitalismus
wirkt freilich verständlich bei einem Zwanzigjährigen, der
seine Existenz vom Geschehen des Krieges unmittelbar bedroht sah; nicht zufällig thematisierte Brecht damit auch
ein Zeitgefühl, das in den sogenannten »Goldenen Zwanzi-
gern« dominant zum Ausdruck kommen sollte.

In den späteren Bearbeitungen hat die Ungebärdigkeit des
Stücks in Inhalt und Form entschärft. Bereits im *Lebenslauf
des Mannes Baal*, der vierten Fassung von 1926, werden die
sprunghaft-verworrenen Ereignisse zu einer, wenn auch
lockeren, Handlungsfolge verknüpft, trägt jedes Bild einen
Titel, der die Szene markiert. Inhaltlich ist die szenische

Bilderfolge in Parallelität zum Lebenslauf des französischen
Dichters Verlaine strukturiert (vgl. Frühwald 1984, 37): wie
dieser ist Baal Lyriker, wie dieser bricht Baal aus der Bür-
gerlichkeit aus, wie dieser wird Baal in seinem Vaganten-
leben von einem Freund begleitet.

Die Eingangsszene zeigt den Protagonisten bei genüßli-
chem Essen und Trinken im Speisezimmer des Großkauf-
manns und Verlegers Mech. Motiviert von seiner Tochter
Emilie und dem Kritiker Dr. Piller, die von dem Genie des
Lyrikers Baal überzeugt sind, bietet dieser dem Dichter den
Druck seiner Gedichte an. Das könnte der Beginn einer
glänzenden Karriere sein, doch Baal lehnt desinteressiert
und schroff ab und wird darum hinausgeworfen. Er haust
in seiner Dachkammer, dichtet, singt in billigen Nachtcafés
und Branntweinschenken anzügliche Lieder, trinkt, vaga-
bundiert tage- und wochenlang im Freien, genießt bis zum
Exzeß.

Als Inbegriff höchsten Genusses gilt Baal die Sexualität.
Gerade in seinem Umgang mit den Frauen wird aber ersichtlich, wie grenzenloser Genuß für den einzelnen nur auf
Kosten der anderen möglich wird, wie die konsequente
Selbstverwirklichung zum rücksichtslosen Verschleiß der
Mitmenschen führt (vgl. ebd., 96). Er stößt die Frauen zynisch von sich, wenn er sie besessen hat: morgens erwacht er
mit dem Mädchen Johanna in seiner Dachkammer, hält
wegwerfende Reden und treibt sie damit geradewegs in den
Fluß; mittags holt er sich zur Abwechslung zwei Schwe-
stern herein; abends erträgt er das faule Dasitzen nicht und
greift sich vor dem Haus das Mädchen Sophie, bei dem er
sich später, weil sie in ihrer Liebe nicht von ihm lassen will,
mit einem Fußtritt bedanken wird. Die Szenen des sexuellen Sich-Auslebens sind nur ein besonders augenfälliger Beleg eines völlig naturbestimmten, geradezu »tierischen«
(vgl. 1,9) Genusses, der sich im Fressen, Saufen und Raufen
fortsetzt. Die Folgen seiner Taten für andere interessieren
Baal nicht. Zusammen mit seinem Freund Ekart zieht er

durch die Lande. In der Spitalschenke bereden und besingen sie mit verdorbenem Gesindel die Welt, hocken beieinander im »Grünen Laubdickicht« (1,51), unter »Weiden« (1,52), in »Jungen Haselsträuchern« (1,54) oder unter »Ahorn im Wind« (1,55). Schließlich nach acht Jahren, in der Branntweinschenke vom Beginn des Stücks, sticht Baal, der Kellnerin wegen, seinen Freund Ekart in einer Gefühlsaufwallung nieder. Landjäger sind auf der Suche nach ihm. In einer Bretterhütte kriecht er bei Holzfällern unter, die ihn sorglos und unter großem Gelächter wie eine Ratte verrecken (1,64) lassen. Er stirbt, nachdem er sich selbst, dem »lieben Baal« (1,66), noch einmal seine Liebe erklärt hat. Bis in den Tod hinein hält er so die »Überpointierung des Subjektivismus« (Frühwald 1984, 18) durch, die sein Dasein bestimmt hat. Sterbend verzehrt sich das asoziale Genie Baal jedoch auch nach Zuspruch und menschlicher Gemeinschaft, die es lebenslang seinem individuellen Glücksanspruch geopfert hat. Er bleibt aber allein, wird ignoriert, wie er zuvor die Rechte und Ansprüche der anderen ignoriert hat.

Daß *Baal* asoziales Handeln vorführt, war für Brecht nie strittig. Bei der »Durchsicht« seiner »ersten Stücke« hat er später (1954) aber nicht Baal selbst, sondern eine asoziale Gesellschaft dafür verantwortlich gemacht (17,947) und damit die Interpretation gestützt, unter den gegebenen gesellschaftlichen Verhältnissen habe sich Baals eigentlich berechtigtes »Glücksverlangen« (17,948) nur pervertiert und selbstzerstörerisch entfalten können; die Bejahung des Asozialen sei als Gegenwehr gegen eine Gesellschaft gedacht, die den Menschen nicht zu sich selbst kommen läßt. Diese Deutung macht freilich nicht gegenstandslos, daß der Protagonist des Stücks »nicht gegen die Gesellschaft, die ihre Zwänge durch Ideologie legitimiert, revoltiert, sondern daß er sie auf geradezu naive Weise ignoriert: er grast die Welt, nur seinen Appetiten verpflichtet, einfach schmatzend ab« (Müller 1985, 95). Indem Brecht »das Konzept des großen Individuums im Zeichen des Vitalismus radikalisiert«, widerlegt er dessen »gesellschaftliche Möglichkeit« (ebd., 97). »Insofern steht mit *Baal* eine extreme These am Beginn des schriftstellerischen Werkes: der ›natürliche‹ Anspruch ist nur zu verwirklichen, wenn die Ansprüche der Gesellschaft [...] brutal ignoriert werden« (ebd.).

Seit der zweiten Fassung ist dem Stück der *Choral vom großen Baal* vorangestellt, in dem vorausweisend besungen wird, was die szenische Bildfolge sodann in Handlung umsetzt. Zugleich wird Baal, dessen Name Assoziationen an den assyrischen Gott der Bibel weckt, darin als eine unersättlich diesseitige, überzeitliche Gestalt mythisiert, die auf den Genuß auch um den Preis der Selbstzerstörung nicht verzichtet. Die Schlußstrophe heißt:

> Als im dunklen Erdenschoße faulte Baal,
> War der Himmel noch so groß und still und fahl
> Jung und nackt und ungeheuer wunderbar
> Wie ihn Baal einst liebte, als Baal war. (1,4)

Mann ist Mann. Unter dem Arbeitstitel *Galgei* entstandene erste Szenenentwürfe zu dem Stück reichen bis in die Jahre 1919/20 zurück. Die erste, 1926 im Druck erschienene Fassung wurde, unter Mitarbeit von Elisabeth Hauptmann, zwischen 1924 und 1925 geschrieben, eine zweite, um die 9. und 10. Szene gekürzte, 1931. Darüber hinaus hat Brecht das »Lustspiel« (Untertitel) für Aufführungen und Drucklegungen mehrfach bearbeitet, zuletzt noch einmal, im wesentlichen die ursprüngliche Fassung wieder herstellend, im Jahre 1954. Die Uraufführung des Stücks fand am 25. September 1926 in Darmstadt statt, die Berliner Erstaufführung zwei Jahre später in der »Volksbühne«. Die gekürzte zweite Fassung wurde 1931 am Berliner Staatstheater gespielt.

Mann ist Mann hat einen langen Untertitel: »Die Verwandlung des Packers Galy Gay in den Militärbaracken von Kilkoa im Jahre neunzehnhundertfünfundzwanzig« (1,297).

»Der Untertitel gibt den Grundzug der Handlung, nennt Hauptperson und Ort und deutet darauf hin, daß es sich hier um eine Historie handelt, aber eine, die in der unmittelbaren Gegenwart spielt. Der Untertitel plakatiert also und distanziert, die Gegenwart wird aus erklärtem Abstand gesehen« (Rischbieter 1970 [a], 61).

Galy Gay, ein Mann »mit weichem Gemüt« (1,299), »der nicht nein sagen kann« (1,309), verläßt eines Morgens seine Hütte, um für das Mittagessen einen Fisch zu besorgen. Mit diesem harmlosen Unterfangen beginnt für ihn eine Reihe von Verwicklungen, an deren Ende er nicht mehr er selber sein wird. Er gerät in die Fänge von Uria Shelley, Jesse Mahoney und Polly Baker, drei Soldaten der indischen Kolonialarmee Englands, die ihm eine neue Identität aufzwingen. Bei dem Einbruch in eine Gelbherrnpagode haben sie Jeraiah Jip, den vierten Mann ihrer Maschinengewehrabteilung, betrunken und verletzt zurücklassen müssen und brauchen nun dringend einen Ersatz. Ihr Sergeant, der sadistische Fairchild mit dem Beinamen »Blutiger Fünfer« (1,298), ist den Tätern bereits auf der Spur, sie können der Gefahr, »in die schwarzen Kerker von Kilkoa« (1,312) geworfen zu werden, nur entgehen, wenn sie beim Appell vollzählig sind. Von den drei Soldaten bedrängt, willigt Gay ein, die Stelle von Jip einzunehmen; der Witwe Begbick, Besitzerin einer Kantine auf dem Militärcamp, fällt die Rolle zu, den sexuell leicht entflammbaren Sergeanten mit entsprechenden Avancen von zu genauem Hinsehen abzulenken. Die Täuschung gelingt, Gay bekommt den ihm versprochenen Lohn, Bier und Zigarren. Als die drei Soldaten nach dem Appell ihren Kameraden Jip holen wollen, gibt der Bonze ihn nicht heraus, denn er macht mit ihm ein großes Geschäft, indem er ihn als einen Gott ausgibt und Opfergaben kassiert. So fehlt ihnen weiterhin der vierte Mann, sie benötigen Galy Gay erneut.

Von der Aussicht auf ein Geschäft gelockt, willigt der zunächst zögernde Gay ein; damit kann seine »Ummontie-

rung« beginnen. Die erste Probe als Jip besteht er, als er
seine Frau verleugnet, die nach ihm sucht. In einem »Zwischenspruch« tritt die Begbick danach vor den Vorhang und
erläutert: »Herr Bertolt Brecht behauptet: Mann ist Mann. /
Und das ist etwas, was jeder behaupten kann. / Aber Herr
Bertolt Brecht beweist auch dann / Daß man mit einem
Menschen beliebig viel machen kann. / Hier wird heute
abend ein Mensch wie ein Auto ummontiert / Ohne daß er
irgend etwas dabei verliert« (1,336).

Während im folgenden – neunten – Bild die Armee den
Aufbruch in den Krieg, »der vorgesehen war« (1,337), vorbereitet, wird die Ummontierung Galy Gays in einer Art
Spiel im Spiel in fünf »Nummern« einer Farce vorgeführt.
Jesse und Polly bieten Gay einen Elefanten an, der in Wirklichkeit nur eine Attrappe ist. Er nimmt an; als er den falschen Elefanten dann aber zu verkaufen sucht, wird er von
den Soldaten wegen Betrugs verhaftet, bis zum Kopf in eine
Latrine gesteckt, in einem fiktiven Prozeß zum Tode verur-
teilt und zur fingierten Erschießung abgeführt. Gay fällt in
Ohnmacht, und als er daraus erwacht, ist er bereit, nicht
mehr er selbst, sondern Jip zu sein; er hält sich sogar selbst
die Leichenrede. In einer in das Spiel eingeschobenen
»Nummer« vollzieht sich, gegenläufig zur Ummontierung
Gays aus einem individuellen Zivilisten zu einem in der
Gruppe aufgehenden Soldaten, die Umwandlung Fairchilds
aus einem Soldaten in einen Zivilisten, motiviert aus seiner
Gier nach Sex, die er bei der Begbick zu stillen hofft. Am
Schluß des Bildes bricht die Armee in den Krieg auf.

Unterwegs, »im rollenden Waggon« (1,362 ff.) überkom-
men Gay noch einmal Zweifel, ob er wirklich Jip sei. Während er schläft, wird die Begbick von den Soldaten veranlaßt, sich zu ihm zu legen: »Indem sie seine vitalen Appetite
zu stillen suchen, sein Wuchern fördern, hoffen die Soldaten, ihn abzulenken von der Bemühung zurück zum be-
grenzten Individuum Gay. Seine Geschlechtlichkeit soll ihn
entgrenzen. Fairchild, den die Geschlechtlichkeit verführte,

sich der Uniform, der sicheren Unter- und Überordnung zu
begeben, entmannt sich, zerstört das Organ seiner natürli-
chen Hinfälligkeit« (Rischbieter 1970 [a], 66).
Das letzte Bild zeigt Gay als »menschliche Kampfma-
schine« (1,376), die mit ihrer Kanone allein die Bergfestung
Sir El Dchowr erobert. Beim Übergang über die tibetische
Grenze unterwirft er sich auch seine drei Kameraden, er
fordert ihnen die Pässe ab, nimmt ihnen ihre Namen, ihre
Identität.
Der Titel des Stücks ist doppeldeutig. *Mann ist Mann* kann
»Mann bleibt Mann« heißen und die Unverletzbarkeit des
selbstbestimmten Individuums meinen, die Gleichung
»Mann ist Mann« kann aber auch bedeuten, einer sei wie
der andere, er sei austauschbar, ummontierbar. Das Stück
tendiert zwar zu der zweiten Auslegung, hat aber etwas von
dieser Doppeldeutigkeit bewahrt, indem es die Verwandlung Galy Gays in Jeraiah Jip nicht als bloßen Rollentausch
zeigt. Brecht hat in Gay einen »neuen Typus von Mensch«
(17,977) verkörpern wollen, »mit forscher Fröhlichkeit«
inszeniert er darum »die Ummontierung als Überwindung
eines unzeitgemäßen Persönlichkeitsbegriffs« (Rischbieter
1970 [a], 60) und das Aufgehen des Individuums im – sozia-
listisch interpretierten – Kollektiv als zukunftsweisenden
Akt. In der *Vorrede* (zu einer 1927 gesendeten Hörspielfassung) sagt er: »Ich denke auch, Sie sind gewohnt, einen
Menschen, der nicht nein sagen kann, als einen Schwächling
zu betrachten, aber dieser Galy Gay ist gar kein Schwächling. Er ist allerdings erst der Stärkste, nachdem er aufge-
hört hat, eine Privatperson zu sein, er wird erst in der Masse
stark« (17,978). Brechts Perspektive auf das Identitätspro-
blem grenzt sich also ab von dem bürgerlichen Ideal unge-
bundener individueller Selbstbestimmung, sie ist gesellschaftlich ausgerichtet und sieht das Individuum in der
überindividuellen Gemeinschaft positiv aufgehoben. Der
einzelne Mensch definiert sich für ihn nicht in Abgrenzung
oder im Gegensatz zum Kollektiv, er sieht sich vielmehr

»durch das Kollektiv bestimmt und auch ›gekräftigt‹«
(Knopf 1980, 48).

Daß diese positiv gemeinte Tendenz des Stücks auch negativ
gewendet werden kann, ist Brecht bewußt geworden, als die
Macht der Nationalsozialisten in Deutschland immer er-
schreckender zunahm. Angesichts der fanatisierten Massen
Hitlers erwies sich die Zerstörung des bürgerlichen Ich als
unhaltbar, »so daß die Ummontierung jetzt immer mehr als
barbarischer Akt der ›Materialisierung‹ des Menschen« erschien (ebd., 47). Brecht reagierte auf die veränderte Situation, indem er 1931 eine neue Fassung erarbeitete, die sich
von der ersten insbesondere dadurch unterschied, daß die
beiden letzten Szenen gestrichen sind, »da die letzte (9.)
Szene hinreichend zeigte, wozu die Umwandlung des Pak-
kers Galy Gay gebraucht wurde« (1,363). Die Kürzung
trägt der Erkenntnis Rechnung, daß die »menschliche
Kampfmaschine«, die sich aus kollektiven Kräften stärkte,
in ein willfähriges Instrument des Faschismus umgedeutet
werden könnte (vgl. Knopf 1980, 51). Bei *Durchsicht meiner ersten Stücke* im Jahr 1954 merkt Brecht an: »Das Problem des Stücks ist das falsche, schlechte Kollektiv (der
›Bande‹) und seine Verführungskraft [. . .]. Ich kann 1931
das Stück nach dem großen Montageakt enden lassen, da ich
keine Möglichkeit sah, dem Wachstum des Helden im Kollektiv einen negativen Charakter zu verleihen« (17,951).

Auch in der zweiten Fassung hält der Autor daran fest, daß
Mann ist Mann ein Lustspiel sei, wiewohl der Zuschauer
angesichts dessen, was Galy Gay über sich ergehen lassen
muß, auch zu einer ganz anderen Ansicht kommen könnte.
Nimmt man freilich das Stück als Groteske, in der stilgemäß
die »Entstellung und Verzerrung des Menschlichen [. . .] zugleich Entsetzen und Lachen bewirken« (Müller 1984, 93),
fehlt der zweiten Fassung der »aufklärerische Spaß« (Knopf
1980, 47) sowenig wie der ersten die positive Grundstim-
mung, die für ein Lustspiel charakteristisch ist. Daß Galy
Gay übel mitgespielt wird, ist in Brechts Sicht keineswegs

»bedauernswert«, sondern »eine lustige Sache. Denn dieser
Galy Gay nimmt eben keinen Schaden, sondern er gewinnt« (17,978).
»Lustig« ist nicht allein die groteske Nummernkomödie der
endgültigen Ummontierung Galy Gays im neunten Bild;
mit den Mitteln der Verzerrung, Übertreibung und dem
Wechsel der Wirklichkeitsebenen wird das ganze Stück als
Lustspiel in Szene gesetzt. Die »bewußten Überzeichnun-
gen realisieren ein Prinzip der Verfremdung« (Müller 1984,
93), indem durch sie erst der wirkliche, für sich genommen
keineswegs lächerliche Sachverhalt pointiert sichtbar gemacht wird. Diese Wirkabsicht wird durch epische Stilmit-
tel – Anrede des Publikums, Kommentierungen, Songs –
noch verstärkt, vor allem der Zwischenspruch belegt den
beabsichtigten Demonstrationscharakter. Der demonstrie-
rende Gestus ist zugleich »die unmittelbarste Begründung
der Parabelform«, die Brecht in diesem Stück erstmals realisiert (ebd.). In der Parabel wird Wirklichkeit nicht natura-
listisch abgebildet, die Vorgänge werden vielmehr »so arrangiert, daß sie eine Gesetzmäßigkeit der Wirklichkeit, der
sozialen Welt, veranschaulichen« (ebd.). Es liegt allerdings
in der Natur der Parabel, daß sie nicht nur auf eine einzige
Situation in der Realität übertragbar ist. Ihre potentielle
Mehrdeutigkeit macht verständlich, warum Brecht das
Stück mehrfach bearbeiten mußte.

1.3. Politisch-ästhetische Experimente

Diese zweite Phase des dramatischen Schaffens Brechts,
»die ungefähr die Zeit zwischen 1926 und 1932, zwischen
Mann ist Mann und der *Heiligen Johanna der Schlachthöfe*
umfaßt« (Müller 1985, 126), gewinnt »ihre Einheit aus dem
experimentellen Charakter der Produktion, die insgesamt
als ein ›Versuch‹ gewertet werden muß, die seit 1926 erworbenen gesellschaftswissenschaftlichen Kenntnisse, insbeson-

dere die materialistische Dialektik, in dramatische Formen
umzusetzen« (ebd.). Sie war nicht »Übergangszeit« (vgl.
Schumacher 1955) auf dem Weg zum letztlich angezielten
epischen Lehrtheater, sondern eine Zeit der Selbstvergewis-
serung in der Erprobung neuer, bisher nicht genutzter dra-
maturgischer Möglichkeiten. In der neuen Dramatik, nach
der Brecht suchte, sollte »die Kunst [. . .] der Wirklichkeit«
folgen (15,196). So war es vor allem eine Dramatik »neuer
Stoffe« (ebd.), die entstand. Allerdings machte die angemessene »Gestaltung der neuen Beziehungen« (ebd.) auch neue
künstlerische Formen erforderlich. Nebeneinander erprobte
Brecht in diesen überaus produktiven Jahren verschiedene
politisch-ästhetische Strategien: Opern, Lehrstücke, epi-
sches Theater (vgl. Müller 1985, 126). Nie wieder hat er später »ein Format gewählt wie das der *Mahagonny*-Oper und
der ›*Heiligen Johanna*‹, ein Format, mit dem er in die
Schranken forderte, was bisher in solchen Perspektiven für
das Theater geschrieben worden war: die griechische Tragödie, das Mysterienspiel, Shakespeare (auch Schiller und
Shaw)« (Melchinger 1974, 197). Nie wieder hat Brecht sich
auch mit dem Lehrstück derart intensiv beschäftigt; zwar
ist es für ihn nicht lediglich »Übergang« oder einmalige
»Etappe« geblieben (vgl. Müller 1985, 149) – zahlreiche
Notate im *Arbeitsjournal* bezeugen ein fortgesetztes Interesse an dieser Form (vgl. ebd.) –, im Mittelpunkt seines
Schaffens stand es später aber nicht mehr.
In den vorwiegend theaterpraktischen »Versuchen« dieser
Jahre wollte Brecht das gesellschaftlich Richtige mit Hilfe
des Dramas herausfinden. Die Experimente bewegten sich
zwischen der didaktischen Gewißheit des Lehrstücks und
dem methodischen Zweifel im Erproben des neuen, epischen Darstellungsstils. Im Ergebnis führten sie ihn immer
weiter weg von einer Publikumsdramaturgie der kritisch-
reflektierenden Distanz und immer näher hin zu einem
Theater, das sich als wirksamer Bestandteil einer revolutio-
nären gesellschaftlichen Praxis verstand. Was Brecht in je-

nen Jahren schrieb, stand »im Banne des Gedankens, der Sozialismus werde sich innerhalb kurzer Frist verwirklichen und es sei an der Zeit, für die neue Gesellschaft die neue Kunst zu entwickeln« (Mennemeier 1973, 304). Daß diese Intention in ihrer Wirkung auf konkretes politisches Handeln, entgegen der Erwartung, angesichts der um sich greifenden Herrschaft des Nationalsozialismus Utopie blieb (vgl. Müller 1985, 149), schmälert nicht die Bedeutung der »Versuche« für die literarische Entwicklung des Stückeschreibers.

Aufstieg und Fall der Stadt Mahagonny. »Der Mahagonny-Komplex bildet eine der zentralen Klammern, die Brechts Frühwerk mit der ästhetischen Produktion der späten zwanziger und frühen dreißiger Jahre verbinden« (Müller 1985, 137). An ihm erprobte er seine neuen Einsichten in die Aufgabe der Kunst mittels der Theaterform der Oper. Er unterzieht, wie in den *Anmerkungen* nachzulesen ist, den Warencharakter des Vergnügens, der in der »großen« Oper besonders offensichtlich ist, der Kritik (vgl. 17,1006) und weist ihr anstelle der »kulinarischen« (ebd.) eine »gesellschaftsändernde« (17,1016) Funktion zu. Diese zu gewährleisten, soll nicht länger, wie in der traditionellen Oper, »die Diskussion des Inhaltlichen« ausgeschlossen sein (17,1013), sollen »Musik, Wort und Bild« nicht länger zu einem Gesamtkunstwerk verschmelzen (17,1011 f.), sondern »mehr Selbständigkeit erhalten« (ebd.), um sich gegenseitig auszulegen, zu korrigieren und zu relativieren.

Eine erste Version des Mahagonny-Themas wurde am 17. Juli 1927 im Rahmen der Baden-Badener Musikfestspiele als *Mahagonny-Songspiel* aufgeführt; es waren die um einen Epilog ergänzten Mahagonny-Gesänge aus der *Hauspostille*, die Kurt Weill vertont hatte. Die Erstaufführung der Oper in der »gültigen« Textfassung – und wieder mit der Musik Kurt Weills – fand am 21. Dezember 1931 im Berliner Theater am Kurfürstendamm statt. Vorausgegangen war eine Fassung, die am 9. März 1930 in Leipzig uraufgeführt worden war und dort einen der größten Theaterskandale der Weimarer Zeit ausgelöst hatte. Denn diese Oper widersprach allen Erwartungen eines bürgerlichen Publikums auf ungeschmälerten Genuß, weil sie den Zuschauer in einen dialektischen Erkenntnisprozeß hineinzwingen wollte, der seine eigenen Lebens- und Wertvorstellungen inkriminierte.

Ort der Handlung ist Mahagonny, eine fiktive amerikanische Stadt in einer öden Gegend am Meer, gegründet von drei von der Polizei verfolgten Schwindlern, der Witwe Begbick, Dreieinigkeitsmoses und Willy, dem Prokuristen. Die neue Stadt Mahagonny will eine Stätte der Vergnügungen sein, in der sich alle Goldsucher der Küste, alle Arbeitenden überhaupt, wie in einem Fischernetz verfangen. Sie lockt »mit sieben Tagen ohne Arbeit« (2,502), mit »Gin und Whisky / Mädchen und Knaben« (ebd.): »Überall gibt es Mühe und Arbeit / Aber hier gibt es Spaß« (ebd.). Die Rechnung der drei Gauner geht auf. »Die Nachricht von der Gründung einer Paradiesstadt« verbreitet sich rasch (2,505), »in den nächsten Jahren« ziehen »die Unzufriedenen aller Kontinente der Goldstadt Mahagonny entgegen« (2,506).

Mit dieser, in vier knappen Szenen entfalteten Exposition ist der Hintergrund geschaffen, auf dem sich nun die individuelle Fabel der Oper, die Geschichte des einfachen Holzfällers Paul Ackermann, abspielen kann. Paul und seine Kumpane Jakob, Heinrich und Joseph kommen mit ihrem in Jahren harter Arbeit zusammengesparten Geld von Alaska nach Mahagonny, um hier das Glück zu finden. Paul kauft als erstes der Begbick das Straßenmädchen Jenny aus Oklahoma ab, das alles tut, »was man verlangt von mir« (2,511). Mit diesem »Geschäft« begegnet er dem ersten Existenzprinzip der Stadt: Hier erhält nur der etwas, der über Geld verfügt. Das zweite Prinzip erschließt sich ihm in der Wahrnehmung, daß einerseits in dieser Stadt niemand weiß,

»woran man sich halten kann« (2,505), daß es andererseits
aber »zu viel gibt / Woran man sich halten kann« (2,523);
die versprochene Freiheit ist in Wahrheit von Regeln und
Verboten umstellt. Paul Ackermann wird schnell bewußt,
daß dieses Pseudo-Paradies seinen Vorstellungen von Glück
nicht entspricht. »Aber etwas fehlt« (2,518), hält er den be-
ruhigenden Floskeln seiner Kumpane entgegen, die leichter
zufriedenzustellen sind. »Ach, mit eurem ganzen Mahagonny / Wird nie ein Mensch glücklich werden / Weil zu
viel Ruhe herrscht / und zu viel Eintracht« (2,523).

Das heißt in der Konsequenz: »Wo nur das Geld gebietet,
können nicht-monetär begründete Gebote nicht länger
überzeugend verteidigt werden. Das Stück zeigt infolgedes-
sen, wie sich Mahagonny aus seiner eigenen destruktiven
Logik heraus radikalisiert« (Mennemeier 1973, 301). Paul
lehnt sich auf gegen die Verhältnisse von Mahagonny. Be-
zeichnenderweise erschüttert gerade in der Nacht seines
Aufbegehrens ein heraufziehender Hurrikan die Stadt, und
dieses Ereignis läßt ihn »die Gesetze der menschlichen
Glückseligkeit« (2,524) entdecken. Beeindruckt von Pauls
Vision beschließen die Leute von Mahagonny, »die Lehre
aus der Einsicht in den zerstörerischen Charakter der Natur
zu ziehen« (Mennemeier 1973, 301): »Wir brauchen keinen
Hurrikan / Wir brauchen keinen Taifun / Denn was er an
Schrecken tun kann / Das können wir selber tun« (5,526).
Von dieser Nacht an ist in Mahagonny alles Menschenmög-
liche erlaubt, das neue Gesetz zum Wohlbefinden der Men-
schen heißt »du darfst« (2,532).

Der Hurrikan zerstört viele Städte, verschont aber Maha-
gonny. Ein knappes Jahr nach der »Nacht des Grauens«
herrscht wieder »Hochbetrieb« (ebd.) in der Stadt, und die
Begbick macht ihren Profit. Vier exemplarische Szenen,
»Essen«, »Lieben«, »Kämpfen«, »Saufen« betitelt, demon-
strieren das Leben im Hochbetrieb – und seine Folgen.
Wenn rundum Hunger herrscht, gilt Jakob das »Essen« als
Glückseligkeit; er frißt sich zu Tode. Das »Lieben« ist ein

kurz bemessener Geschäftsvorgang, zu dem die Männer
von Mahagonny Schlange stehen. Das »Kämpfen« ist ver-
abredeter, gewinnbringender Mord. Auch das »Saufen« gibt
es nicht ohne Geld: Paul, der den Whisky fließen läßt, um
im Alkoholtraum mit seinen Gästen nach Alaska zurückzu-
segeln, hat leere Taschen und wird verhaftet; er hat die entscheidende Einschränkung der grenzenlosen Freiheit übersehen, daß man alles nur darf, wenn man Geld hat. Alle
wenden sich von ihm ab, auch Jenny. Er wird zum Tod verurteilt »wegen Mangel an Geld / Was das größte Verbrechen ist / Das auf dem Erdenrund vorkommt« (2,555). In
der kapitalistischen Gesellschaft, das zeigt diese Szene, ist
Geldmangel das härteste Los, ist Armut tödlich. Gleichermaßen streng marxistisch gedeutet ist auch die Justiz, die als
der verlängerte Arm der Herrschenden erscheint. »Brecht
verdeutlicht das auf groteske Weise, indem er als Richter,
Verteidiger, Staatsanwalt eben die ausbeuterischen Gauner
fungieren läßt, die Mahagonny inszeniert haben: Witwe
Begbick, Dreieinigkeitsmoses, Willi, den Prokuristen«
(Mennemeier 1973, 302).
Am Schluß geht Mahagonny »in zunehmender Verwirrung,
Teuerung und Feindschaft aller gegen alle zugrunde«
(2,561). Doch obwohl die Stadt bereits brennt, demonstrieren »die noch nicht Erledigten für ihre Ideale – unbelehrt«
(ebd.). Der Zuschauer freilich hat seine Belehrung bekom-
men. Während die Menschen in der brennenden Stadt noch
den »Fortbestand des Goldenen Zeitalters« (ebd.) beschwö-
ren, hat er längst erkannt, daß es in diesem Mahagonny
nichts gibt, was sein Weiterbestehen rechtfertigen könnte.
Und wenn ihm im vielstimmigen Schlußsatz die Erkenntnis
»Können uns und euch und niemand helfen« (2,654) ent-
gegenklingt, weiß er sich aufgefordert, diese hoffnungslose
Perspektive zu widerlegen.
Der Inhalt der Oper *Mahagonny* »ist der Genuß«, schreibt
Brecht in den *Anmerkungen* (17,1008). Das trifft zu und ist
doch so provozierend gemeint wie seine Konkretisierung.

Denn das Paradies auf Erden, die verwirklichte Utopie des Genusses ist nicht umsonst zu haben, sie wird in Mahagonny nur gegen Geld versprochen. »Genuß, Vergnügen und Spaß« haben »Warencharakter«; »Freundschaft und Liebe, Formen menschlicher Glückserfüllung, stehen unter dem vom Tauschprinzip geforderten Gesetz der Verdinglichung. Mahagonny lebt vom Verkauf der Freiheit« (Müller 1985, 139). Die Stadt ist das Spiegelbild einer kapitalistischen Gesellschaft, für die das Geld das Maß aller Dinge ist. So steht denn auch am Ende von Paul Ackermanns Leben die Selbsterkenntnis: »Als ich diese Stadt betrat, war mein Untergang besiegelt. Jetzt sitze ich hier und habe doch nichts gehabt. Ich war es, der sagte: Jeder muß sich ein Stück Fleisch herausschneiden, mit jedem Messer. Da war das Fleisch faul! Die Freude, die ich kaufte, war keine Freude, und die Freiheit für Geld war keine Freiheit« (2,560 f.). Was Paul Ackermann hier als Fazit äußert, darf gewiß als Adresse an das zeitgenössische Publikum genommen werden. Es macht dann auch verständlich, daß die Oper mit einer derartigen Botschaft keine begeisterte Zustimmung gefunden hat. Der gewohnten »kulinarischen« Haltung ist dadurch die Grundlage genommen, die zuschauenden Bürger werden gezwungen, die gesellschaftliche Wirklichkeit nicht länger zu ignorieren.

Die Dreigroschenoper. *Die Dreigroschenoper* wurde, mit der Musik von Kurt Weill, am 31. August 1928 im Theater am Schiffbauerdamm in Berlin uraufgeführt. Es war der größte Theatererfolg der Weimarer Republik, mit ihm wurde der junge Brecht mit einem Mal bekannt. Die Idee zu dem Stück kam Brecht beim Studium von John Gays *The Beggar's Opera* (1728), die Elisabeth Hauptmann 1927 entdeckt und übersetzt hatte. Er aktualisierte die Vorlage keineswegs behutsam, erweiterte sie durch Strophen von Villon und Stoffelemente von Kipling, experimentierte mit

dem entstehenden Text seine noch neue Auffassung vom
»epischen« Theater durch und brachte ihn schließlich in die
Form eines Schauspiels mit hauptsächlich kommentieren-
den Song-Einlagen. Entgegen der neben anderen von Schumacher (1955) vertretenen Auffassung, Brecht habe seine
Vorlage »nur« bearbeitet, kann der Text als eigenständige
»Umarbeitung« (Knopf 1980, 55) gelten.

Das Geschehen der Oper spielt vermutlich gegen Ende des
19. Jahrhunderts, eine genaue zeitliche Fixierung der Handlung ist nicht möglich (vgl. ebd., 58). Gezeigt wird, in drei
Akten und einem Vorspiel, der Existenzkampf, das Debakel
und die glückliche Errettung des Londoner Straßenräubers
und Geschäftsmanns Macheath, genannt Mackie Messer,
den sein Schwiegervater, der Bettlerkönig Peachum, an den
Galgen bringen will.

Im *Vorspiel* singt Macheath, auf dem Jahrmarkt von Soho
vor Bettlern, Dieben und Huren die »Moritat von Mackie
Messer«. Der erste Akt führt zunächst in Jonathan Peachums Verleih von Bettlergarderoben; Peachum, Besitzer der
Firma »Bettlers Freund«, beherrscht und kontrolliert die
Londoner Bettler. Er richtet sie wirkungsvoll her, organi-
siert ihren geordneten Einsatz und kassiert einen großen
Teil ihrer Einnahmen. Unglücklicherweise findet Macheath,
der seinerseits den Londoner Straßenraub und Einbruch
kontrolliert, Gefallen an Peachums Tochter Polly. Und da
sie ihn liebt, heiratet sie ihn ohne Wissen ihres Vaters. Mac-
heaths Bande stattet für die Hochzeit einen Pferdestall aus,
beschafft auch Geschenke und einen Pfarrer. Mackies
Kriegskamerad »Tiger Brown«, Polizeichef von London, ist
der prominenteste Gast. Polly singt während der Feier den
Song von der Seeräuber-Jenny. Später gesteht sie ihren El-
tern die Hochzeit; vor allem Pollys Vater ist damit nicht
einverstanden, weil er darin eine Gefährdung seiner Geschäfte sieht. Der erste Akt endet mit dem ersten Dreigroschenfinale »Über die Unsicherheit menschlicher Verhältnisse« (2,430 ff.).

Der zweite Akt beginnt mit dem Abschied Mackies von Polly, weil er vor seinem Schwiegervater fliehen muß. In einem Zwischenspiel wird die Spelunken-Jenny bestochen, Macheath zu verraten. Denn Frau Peachum ist sicher, daß Mackie seine »Gewohnheiten«, die Huren zu besuchen, wegen der drohenden Verfolgung durch die Polizei nicht aufgeben wird. So ist es auch, Macheath wird im Bordell verhaftet. Im Gefängnis wird er allerdings nur nachlässig bewacht, und Lucy, eines seiner Mädchen, befreit ihn. Das zweite Dreigroschenfinale (2,457 f.) stellt die Frage »Denn wovon lebt der Mensch?« und gibt die einen Bibelspruch variierende Antwort: »Der Mensch lebt nur von Missetat allein!«

Zu Beginn des dritten Aktes erklärt Peachum dem Polizeichef, daß er Mackies Flucht nicht gutheißt und daß seine Bettlerscharen den Krönungszug zu einer Katastrophe machen können. Während er eine große Demonstration des Elends vorbereitet, erscheint Macheath abermals im Bordell, wird abermals von Jenny verraten und von Brown, der dem Erpresser Peachum hilflos ausgeliefert ist, abermals verhaftet. Er soll nun gehängt werden. Der Versuch, seinen Wärter zu bestechen, scheitert an Geldmangel. Unterm Galgen, mit dem Kopf in der Schlinge, scheint er mit der »Ballade, in der Macheath jedermann Abbitte leistet« (4,482 f.) sein letztes Wort zu sprechen – doch Peachum kündigt nun einen anderen, einen guten Schluß an, zwar einen gegen alle Wahrscheinlichkeit, aber einen, wie er der Oper entspricht: »Damit ihr wenigstens in der Oper seht / Wie einmal Gnade vor Recht ergeht. / Und darum wird, weil wir's gut mit euch meinen, / jetzt der reitende Bote des Königs erscheinen« (2,484 f.). Dieser erscheint im dritten Dreigroschenfinale auf hölzernem Roß und berichtet, Macheath sei anläßlich der Krönung begnadigt, geadelt und mit einem Schloß und Lebensrente beschenkt worden. Am Ende singen »alle« die Verse: »Verfolgt das Unrecht nicht zu sehr, in Bälde / Erfriert es schon von selbst, denn es ist kalt. / Be-

»Die Dreigroschenoper«, Finale.
Uraufführung Berlin 1928

denkt das Dunkel und die große Kälte / in diesem Tale, das
von Jammer schallt« (2,486).
Obgleich mit dem »reitenden Boten« das Geschehen gerade
eben noch zur Parodie verfremdet worden ist (vgl. Rischbieter 1970 [a], 83), ist dieses Finale, wie das Werk insgesamt, durchaus nicht parodistisch gemeint. Es thematisiert »mit vollkommenem Ernst und absoluter Würde«
(17,1000), was Brecht mit dieser Oper vermitteln wollte:
Nicht das Unrecht ist die »Kälte«, die es zu beseitigen gilt,
sondern die gesellschaftlichen Verhältnisse sind es, weil sie
jegliche zwischenmenschlichen Beziehungen zerstören. In
einer durch Profit und Konkurrenz bestimmten Welt kann
der Mensch sich gegenseitig nur zur Ware werden: zum
Produktionsmittel wie die Bettler Peachums, zur Hure wie
die Spelunken-Jenny, zur rentablen Aktie auf die Zukunft
wie Polly Peachum oder wie Macheath zum »Mann«, auf
den Lucy und Polly gleichermaßen Anspruch erheben. Der
Bettlerkönig Peachum und der Räuber Mackie Messer re-
präsentieren in dieser Gesellschaft »das räuberische Wesen
des bürgerlichen Kapitalismus« (Rischbieter 1970 [a], 77).
Die Dreigroschenoper sollte den Zuschauern die Schlußfol-
gerung nahelegen, die bürgerlichen Verhaltensweisen seien
verbrecherisch, weil die Verbrecher durch bürgerliche Methoden und Manieren erfolgreich sind. Doch das – bürgerliche – Publikum machte sich diese Interpretation seiner
selbst so wenig zu eigen, genoß sie sogar so sehr »kulina-
risch«, daß Brecht sich in den *Anmerkungen* zur Buchausgabe zu der Aussage veranlaßt sah: »Die Vorliebe des Bür-
gertums für Räuber erklärt sich aus dem Irrtum: ein Räuber
sei kein Bürger. Dieser Irrtum hat als Vater einen anderen
Irrtum: ein Bürger sei kein Räuber« (17,994).
In den Anmerkungen hat Brecht auch unterstrichen, die
Dreigroschenoper wolle die bürgerlichen Vorstellungen
nicht nur inhaltlich kritisieren, »indem sie diese darstellt,
sondern auch durch die Art, wie sie sie darstellt« (17,991).
Sie sei »eine Art Referat über das, was der Zuschauer im

Theater vom Leben zu sehen« wünsche (ebd.). Um dem Stück diesen »epischen« Charakter zu geben, fordert Brecht von den Schauspielern eine Zeige-Haltung (vgl. 2,487 ff.) und bringt Tafeln »ins Spiel«, auf denen die Handlung der Szenen angegeben ist, damit sich die Aufmerksamkeit des Publikums vom Was auf das Wie verlagern kann. Am deutlichsten kommt diese erstmals auf der Bühne realisierte Formtendenz in den Songs zum Ausdruck, die die Handlung unterbrechen und kommentieren, die »verallgemeinern«, »pathetisieren«, »verurteilen« und »mit aggressiver Schärfe« anklagen (Rischbieter 1970 [a], 78).

Ironischerweise ist der Erfolg der *Dreigroschenoper* gerade an diese Songs gebunden, für die Kurt Weill eine mitreißende Musik komponiert hat. Die Songs wurden ›über Nacht‹ zu Schlagern, der Haifisch-Song von Mackie Messer ist es bis heute geblieben.

Der Jasager und **Der Neinsager.** In den Lehrstücken artikuliert sich »Brechts Interesse an einer Politisierung der Dichtung am entschiedensten« (Mennemeier 1973, 308). Hier wird nach seinem Selbstverständnis »die Kunst eines kommenden, sozialistischen Zeitalters projektiert« (ebd.). Die – Fragment gebliebene – *Theorie des Lehrstücks* von 1937 formuliert als Funktionsbestimmung dieser »soziologischen Experimente«: »Das Lehrstück lehrt dadurch, daß es gespielt, nicht dadurch, daß es gesehen wird. [...] Es liegt dem Lehrstück die Erwartung zugrunde, daß der Spielende durch die Durchführung bestimmter Handlungsweisen, Einnahme bestimmter Haltungen, Wiedergabe bestimmter Reden und so weiter gesellschaftlich beeinflußt werden kann« (17,1024).

Getreu dieser Maxime studierte Brecht die Lehrstücke vornehmlich mit ausgesuchten Gruppen von Arbeitern und Schülern ein. Den Spielgruppen gemäß sind die Handlungen zumeist einfach, haben die Stücke eine einfache Sprache,

und ihrer Einfachheit korrespondiert auch die Einfachheit
der Musik. Die beiden kleinen Stücke *Der Jasager* und *Der
Neinsager* sind für Schulen bestimmt und heißen im Untertitel ausdrücklich *Schulopern*. Die stoffliche Anregung für
sie lieferte ein japanisches Nô-Stück, das Elisabeth Hauptmann nach einer englischen Bearbeitung ins Deutsche übertragen hatte. Die Uraufführung der von Brecht später ver-
worfenen ersten Fassung von *Der Jasager*, mit der Musik
von Kurt Weill, fand am 23. Juni 1930 im Zentralinstitut
für Erziehung und Unterricht durch die Schüler der Neu-
köllner Karl-Marx-Oberschule statt. Die zweite Fassung
des *Jasagers* erschien 1930 und noch einmal, zusammen mit
Der Neinsager, 1931.
Im Zentrum der beiden Stücke steht die Frage nach dem
»Einverständnis«, die Brecht in jenen Jahren auch in anderen Lehrstücken beschäftigte und die er zum Thema seiner
»Pädagogik« gemacht hatte. Gemeint ist damit die Bereitschaft, von der eigenen Person abzusehen, um das für die
Gemeinschaft Wichtige zu erkennen und zu bejahen. *Der
Jasager* und *Der Neinsager* demonstrieren exemplarisch,
welche Verhaltensweisen zu gelten haben, wenn die Voraussetzungen des Handelns je anders sind.
Die japanische Vorlage des *Jasagers* erzählt von einem Jungen, der seinen Lehrer auf einer gefährlichen Pilgerreise in
die Berge begleitet, um dort für seine kranke Mutter zu beten. Brecht ›säkularisierte‹ das Geschehen für seine Zwecke,
aus der Pilgerreise wurde bei ihm eine Forschungsreise zu
den jenseits der Berge wohnenden großen Lehrern, und der
Junge geht nicht mehr mit, um zu beten, sondern um Medizin für seine kranke Mutter und Unterweisung zu holen.
Unterwegs erkrankt der Knabe, und als alle Anstrengungen
versagen, ihm durch die Gemeinschaft zu helfen, wird er gefragt, ob die Expedition seinetwegen umkehren solle. Da
der Knabe die Hilfsexpedition nicht gefährden will, erklärt
er sich einverstanden, daß er getötet werden soll (Ja 26).
In der ersten Fassung des *Jasagers* wird der Knabe vor sei-

ner Einverständniserklärung darauf hingewiesen, er müsse dem »großen Brauch« (ebd., 25) zufolge das Angebot ablehnen, daß die Expedition seinetwegen umkehrt. Er hat also gar keine andere Wahl, als sich zu unterwerfen und, sich dem Brauch fügend, ins Tal hinabwerfen zu lassen.

In der zweiten Fassung hat Brecht dann die Fabel so abgeändert, daß ein Festhalten an dem alten Brauch wenigstens gerechtfertigt werden konnte und nicht einfach als gegeben vorausgesetzt wurde: Nach vergeblichen Versuchen, den erkrankten Knaben übers Gebirge zu tragen, und da die Reise keinen Aufschub duldet, weil eine ganze Stadt auf Hilfe wartet, beschließt man, den Knaben zurückzulassen. Der Knabe beugt sich »der Notwendigkeit« (2,621) und ist einverstanden; weil er sich aber fürchtet allein zu bleiben, bittet er seine Begleiter, ihn ins Tal zu werfen. Veranlaßt wurde die Änderung durch Diskussionen, die Brecht im Anschluß an die Uraufführung der Erstfassung mit Schülern führte. Die hatten vor allem kritisiert, daß das von vornherein durch den Brauch festgelegte Einverständnis nicht plausibel motiviert und darum unverständlich sei.

Gleichzeitig mit der zweiten Fassung des *Jasagers* schrieb Brecht dann auch den *Neinsager*. Hier erklärt der Knabe sich nicht einverstanden mit dem, was der »große Brauch« vorschreibt. »Wer a sagt, der muß nicht b sagen« (2,629), lautet seine Argumentation. Er fordert die Einführung eines neuen Brauchs, der lehrt, »in jeder neuen Lage neu nachzudenken« (ebd.). Folgerichtig wird er nicht getötet, sondern zurückgetragen.

Die erste Fassung von *Der Jasager* sollte, wie Kurt Weill berichtet, demonstrieren, wie ein einzelner »für eine Gemeinschaft [...], der er sich angeschlossen hat, alle Konsequenzen auf sich nimmt« (Ja 107); er habe ihre Gesetze anzuerkennen und sich ihr, notfalls bis zur Selbstauslöschung, zu unterwerfen. Allerdings ist es Brecht nicht gelungen, diese Idee dramaturgisch überzeugend zu vermitteln. Wie Peter Szondi im Nachwort zum Materialienband (Ja) gezeigt hat,

liegt das vor allem daran, daß die Gruppe, der sich der
Knabe anschließt, und der Knabe gar keine wirkliche Gemeinschaft sind, weil sie verschiedene Interessen haben (Ja
106); daß »der Knabe sein Leben um einer Lehre willen her-
gibt, die er selber nie gesucht hat und deren Dringlichkeit
zudem nicht dargelegt wird« (Ja 107); und daß schließlich
das Einverständnis einem »alten« Brauch gilt, also »nichts
als mythische Unfreiheit« ist, wiewohl »der Mythos selber
die Freiheit im Munde führt« (Ja 108).

Brecht hat die Kritik akzeptiert, und daher die zweite Fassung des *Jasagers* in genau diesen Punkten ganz entscheidend geändert: Weil in der Stadt eine Seuche ausgebrochen
ist und zu ihrer Rettung dringend Medizin geholt werden
muß, ist der Zweck der Reise nun eine gemeinsame »Hilfsexpedition« (Ja 32); der mythische Brauch ist getilgt, dem
Knaben wird zunächst mit allen Mitteln geholfen, und erst
als eine Fortsetzung der Expedition zusammen mit dem
Knaben nicht mehr möglich ist, hält der Lehrer es für rich-
tig, ihn zu bitten, allein zurückzubleiben; sein Tod durch
den Hinabwurf ins Tal basiert jetzt auf seinem eigenen
Wunsch. Die zweite Fassung gestaltet also »einen tragischen
Konflikt, erneuert insofern das Muster der alten Tragödie.
Es gibt keinen Ausweg ohne Opfer mehr: hilft man dem
Knaben, so kann den Kranken in der Stadt nicht geholfen
werden, hilft man den Kranken, dann nur über die Leiche
des Knaben« (Knopf 1980, 91). Wie in der alten Tragödie
unterwirft sich der einzelne dem Gesetz der Notwendigkeit. »Seinen Tod als sinnvolles Opfer im Sinnzusammen-
hang der Welt« begreifend (Dirks, in: Ja 78), anerkennt er
die Verpflichtung gegenüber der Gemeinschaft und wird ihr
dadurch zugleich zum beispielgebenden Vorbild.

Es darf vermutet werden, daß der tragische Opfertod des
Knaben erst die Abfassung des *Neinsagers* provoziert hat
(vgl. Knopf 1980, 91). Während in der ersten Version des
Jasagers der einzelne in der Gemeinschaft aufgeht, ragt er
in der zweiten als Individuum heraus, wandelt sich die frei-

willige Bejahung seines Todes in die Anerkennung einer
schicksalhaften Notwendigkeit. »Freiheit durch Notwendigkeit«, eben darum ging es, wie Jan Knopf (ebd.) einsichtig darlegt, Brecht aber gar nicht. Der *Neinsager* ist deshalb
die notwendige Ergänzung zum *Jasager*, »indem er die
Notwendigkeit des zweiten Jasagers wendet in die Freiheit
zur Veränderung« (ebd.). Die beiden Stücke führen nicht
darum zu verschiedenen Ergebnissen, weil sie eine spiegel-
bildliche Betrachtungsweise derselben Sache sind, »Experiment und Gegenexperiment bei grundsätzlich gleichen Ex-
perimentierbedingungen« (Mennemeier 1973, 316), sondern
weil der Ausgangspunkt für die Entscheidung beider Knaben jeweils unterschiedlich ist. »Wenn der Knabe das eine
Mal ja und das andere Mal nein sagt, so nicht, weil er in
dem einen Stück ein Jasager, in dem anderen ein Neinsager
ist. Sondern es sind die Verhältnisse, die Seuche in der endgültigen Fassung des *Jasagers*, die ihn bestimmen, seinen
Tod zu bejahen, während er, sobald die Reise nur dem Lernen dient und sein Tod von einem ›großen Brauch‹ diktiert
erscheint, sich dagegen auflehnt und nein sagt« (Szondi,
Ja 105). Die mangelnde Begründung und die starke Mythi-
sierung, die in der ersten Fassung des *Jasagers* noch wider-
spruchslos akzeptiert wurden, sind im *Neinsager* Voraussetzung für die Einführung des neuen Brauchs, über die
Problemlösung aus der jeweiligen Situation heraus zu ent-
scheiden. Das »Nein« des Neinsagers impliziert allerdings,
worauf Jan Knopf (1980, 91) aufmerksam gemacht hat, an-
archistische Momente, weil der alte Brauch mit ihm nicht
automatisch außer Kraft gesetzt ist; denn die Gesellschaft,
zu der die Teilnehmer der Expedition gehören, hält noch
an ihm fest. Ob sich der neue Brauch in der Gesellschaft
durchsetzen wird, läßt das Stück offen. Die studentischen
Freunde des Knaben »vertrauen auf die rationale Kraft ihres
gemeinschaftlich getragenen Vorbilds; aber sie stehen als
Gruppe gegen die Gesellschaft, die sie von der Vernunft ihres neuen Brauchs überzeugen müssen« (ebd.).

Die heilige Johanna der Schlachthöfe. Die Arbeit an diesem Stück steht »in bedeutsamer Verbindung zu den Versuchen, in denen Brecht sich seit Mitte der 20er Jahre bemühte, eine Konzeption von (Theater-)Literatur zu finden, die dem historischen Entwicklungsstand der Zeit gerecht würde« (Ketelsen 1984, 109). Erste Vorarbeiten reichen bis 1926, in das Jahr seiner Marx-Studien, zurück. Zur Zeit der Massenarbeitslosigkeit nach dem großen Börsenkrach des Jahres 1929 und der Weltwirtschaftskrise nahm Brecht die Arbeit an dem Stoff dann wieder auf, studierte dazu auch ökonomische und literarische Werke, die sich mit der Börsenproblematik befaßten (vgl. ebd., 110 f.). Die Wahl eines amerikanischen Schauplatzes war naheliegend, weil die Wirtschaftskrise dort ihren Ausbruch erlebt hatte; die Vorgänge an der Börse sollten ihre marxistische Interpretation veranschaulichen (vgl. Melchinger 1974, 204). »Aber in dieser frühmarxistischen Phase genügten ihm die Vorgänge nicht« (ebd.), die bloße Abbildung herrschender Zustände hatte für ihn zu wenig Ausdruckskraft, er wollte ein »Modell« auf die Bühne bringen, das die Funktion kapitalistischer Produktion und gesellschaftlicher Ordnung durchschaubar machte (vgl. Knopf 1985, 23). Zu diesem Zweck arbeitete er die Heilsarmee-Thematik und schließlich die Jeanne d'Arc-Historie ein. »Die Heldin, die er wählte, schien ihm geeignet, nicht nur den Widerpart gegen diejenigen zu bilden«, die die Vorgänge an der Börse verursachten, »sondern zugleich einen historischen und überhistorischen Inbegriff des Aufstands gegen die Übermacht und der Methoden der Unterdrückung durch diese« (Melchinger 1974, 204).

1931 war eine Bühnenversion fertig, an der neben Elisabeth Hauptmann noch Emil Burri mitgearbeitet hatte. In der zu Ende gehenden Weimarer Republik fand sich jedoch kein Theater bereit, dieses kompromißlos engagierte Stück aufzuführen. Nur eine verkürzte Hörspielfassung wurde im Februar 1932 im Radio Berlin gesendet, die Uraufführung fand erst am 30. April 1959, in der Regie von Gustav Gründgens, im Deutschen Schauspielhaus Hamburg statt.

Das Stück *Die heilige Johanna der Schlachthöfe* zeigt eine
große Börsenspekulation vor dem Hintergrund einer Über-
produktionskrise. Die Handlung spielt auf den Viehhöfen
und an der Fleischbörse Chicagos. Auf die Nachricht seiner
New Yorker Börsenfreunde hin, daß es mit den Fleischge-
schäften schlecht stehe, verkauft der »Fleischkönig« Pier-
pont Mauler seine Geschäftsanteile seinem Kompagnon
Cridle, muß allerdings versprechen, ihm zu helfen, ihren
bislang gefährlichsten Konkurrenten Lennox auszuschalten.
Als dieser seine Fabrik schließt und damit Tausende von
Arbeitern ihrer Existenzgrundlage beraubt, kommen die
»Schwarzen Strohhüte« der Heilsarmee, angeführt von ihrem Leutnant Johanna Dark, um den Arbeitslosen mit Sup-
pen, Gesängen und Reden das Wort Gottes zu bringen.
Doch von diesen »höheren« Dingen (2,678) wollen die Arbeiter nichts wissen, sie verweisen statt dessen auf Mauler,
dem allein sie die Schuld an ihrer Situation geben. Mauler
zeigt sich Johanna von seiner menschlichen Seite und schickt
sie mit seinem Makler Slift in die Elendsquartiere, wo sie
die moralische Verkommenheit der Arbeiter erleben soll.
Bei ihrem »Gang in die Tiefe« (2,689) erkennt Johanna jedoch, daß die unbezweifelbaren Schlechtigkeiten der Arbeiter nicht naturgegeben sind, sondern ihre Ursache in der
Armut haben. Jetzt, nachdem sie »der Armen Armut«
(2,706) gesehen hat, zieht sie mit ihnen in die Viehbörse, um
auch den Fabrikanten, den Packherrn, Aufkäufern, Mak-
lern und Züchtern das Elend der Armen vorzuführen. Als
Mauler sich entschließt, den schwankenden Markt zu stützen, so daß für die notleidende Masse wieder Aussicht auf
Arbeit zu bestehen scheint, führt Johanna das auf ihren Einfluß zurück. Tatsächlich hat Mauler den Markt aber nur gerettet, weil seine New Yorker Freunde ihm inzwischen
wieder den Fleischkauf empfohlen haben und er bei dieser
Gelegenheit gleich auch die Viehzüchter und alle anderen
Konkurrenten in den Ruin treiben kann. Johanna, überall
wegen ihrer angeblich erfolgreichen Vermittlung gerühmt,

begreift zu spät, daß Maulers nun erreichte Monopolstellung die Situation auf den Schlachthöfen nur verschlimmert hat.

Nun bietet sie den Arbeitslosen ihre rückhaltlose Unterstützung an. Sie träumt den Traum vom großen Aufbruch der Massen und sieht sich an der Spitze eines gewaltigen Menschenstroms, »alles verändernd«, was ihr Fuß berührt (2,734). Wegen ihres zu weit gehenden Engagements aus der Heilsarmee verstoßen, schließt sie sich einer kommunistischen Gruppe an, die den Generalstreik plant. Weil sie die mit dem Streik zwangsläufig verbundenen Gewaltakte jedoch ablehnt, leitet sie im entscheidenden Moment einen wichtigen Brief nicht weiter, der Streik bricht deswegen zusammen, Mauler, von der Polizei unterstützt, ist Sieger.

Johanna, die sich auf den zu kalten Schlachthöfen eine Lungenentzündung zugezogen hat, verkraftet die Last ihrer Schuld nicht. Im Todeskampf erkennt sie: »Es hilft nur Gewalt, wo Gewalt herrscht, und es helfen nur Menschen, wo Menschen sind« (2,783). Die kapitalistischen Fleischfabrikanten und die von ihnen korrumpierten Heilsarmeeschwestern Johannas beuten noch die Sterbende aus: sie übertönen ihre Botschaft der Gewalt und kanonisieren Johanna als Heilige der Schlachthöfe, als Märtyrerin der christlichen Mildtätigkeit. In der Schlußszene wird besonders augenfällig, daß Brecht die Titelfigur seines Stücks der literarischen Tradition entnommen hat, ohne sie allerdings dem Vorbild nachzugestalten. Seine Johanna ist eine moderne Alternative zu Schillers »Jungfrau von Orleans«, das Finale eine Parodie auf die Idealisierung der historischen Jeanne d'Arc. Zwar scheitert Brechts Johanna Dark ebenso tragisch wie Schillers Johanna von Orleans, die Ursachen sind jedoch grundverschieden. Während Schillers Johanna nach der Maxime handelt, erst müsse der Mensch sich ändern, bevor die Welt sich ändern könne, demonstriert Brecht das genaue Gegenteil. Die Tragik seiner Johanna ergibt sich nicht aus der ihr fehlenden menschlichen Güte, sondern aus ihrer mangelnden Einsicht in die gesellschaftliche Realität. »Die ›rein‹ menschliche Lösung, die sie anstrebt, zeigt sich als Illusion. Als sie diese Illusion erkennt, kann sie nicht mehr handeln« (Knopf 1985, 50).

In der gemeinsamen Ausrufung Johannas als »Heilige der Schlachthöfe« durch die Heilsarmee und die Unternehmer treffen am Ende des Stücks zwei Handlungsstränge zusammen, die bis dahin nicht parallel verlaufen sind. Einer der beiden Stränge wird durch Johanna repräsentiert, der andere durch Mauler, und wie Johanna für die Heilsarmee steht, so Mauler für die Börse. Mauler ist der ökonomische Hauptakteur des Stücks, die von ihm verursachte Massenarbeitslosigkeit ist Hintergrund und Ausgangspunkt für Johannas Mission, von ihm gehen auch später entscheidende Handlungsimpulse aus. Allerdings besteht zwischen beiden Hauptfiguren ein ganz spezifisches Verhältnis. Je öfter nämlich Johanna »in die Tiefe« steigt, je mehr sie sich – im Interesse der Heilsarmee – zur Anwältin der Armen macht, um so mehr begünstigt sie dadurch Maulers ökonomische Manöver. Die beiden Handlungsstränge sind zwar stets aufeinander bezogen, verlaufen aber in Form zweier sich kreuzender Linien: »einer aufsteigenden, in der der blutige Mauler sich zum Fleischmonopolisten in Chicago aufschwingt, und einer absteigenden, in der die barmherzige, die gesellschaftlichen Mechanismen des Maulerschen Aufstiegs zunächst ahnende, dann begreifende Johanna ihrer Barmherzigkeit beraubt und durch ihre Apotheosierung vernichtet wird« (Ketelsen 1984, 116).

Henning Rischbieter (1970 [b]) hat das Stück als »gültige Darstellung der unmenschlichen sinnlosen Entartungsmöglichkeiten« bezeichnet, »die auf dem Grund des kapitalistischen, marktorientierten Produktionssystems bereitliegen« (116). Bei der Abfassung des Stücks interessierte Brecht allerdings nicht nur die »ungeheuerliche Wahrheit der Thematik« (Melchinger 1974, 205), sondern auch ihre ästhetische Bewältigung. Da der Stoff nicht in die Form des Lehrstücks zu pressen war, mit der er gleichzeitig experimentierte, konfrontierte er die überlieferte große Form des

Dramas mit den Darstellungsmöglichkeiten des epischen Theaters: er parodierte die literarische Tradition, ließ die Schlächter im glatten Blankvers sprechen und einen Chor auftreten, unterbrach den Handlungsablauf durch Projektionen, Lautsprecheransagen und Songs. An dem Stück erwies die Darstellungsweise des epischen Theaters erstmals ihre Eignung, Einsichten in komplizierte gesellschaftliche Verhältnisse der Zeit derart zu vermitteln, daß sie beim Zuschauer antreibende Kraft zu deren Veränderung werden könnten. Zu der intendierten Wirkung auf das Publikum trägt nicht wenig bei, daß mit Johanna Dark »zum erstenmal in einem großen Werk« Brechts »eine Titelgestalt vorgestellt« wird, »an welcher falsches Handeln demonstriert werden soll« (Mayer 1971, 58). Brecht konzipierte sie gegen Schiller (und Shaw), er schrieb »sein Schauspiel gegen Johanna, so wie er später das falsche Handeln der Courage, der Shen-Te, des Galilei und wohl auch des Schweyk in dramatischer Form zu demonstrieren versucht hat« (ebd.). *Die heilige Johanna der Schlachthöfe* ist »ein großes poetisches Dokument, ein Historienstück über die finsterste Phase des Kapitalismus, ein Warnbild« (Rischbieter 1970 [b], 116).

1.4. Antifaschistische Dramen des Exils

Die antifaschistischen Dramen, die Brecht in den Jahren des Exils schrieb, waren ein Teil seines literarischen Kampfes gegen Hitler und den Nationalsozialismus. Da es ihm hierbei in erster Linie auf Aufklärung und Agitation ankam, wählte er Formen, von denen er eine größtmögliche Wirkung erwartete, parabelhafte ebenso wie realistische, sogar auf die Einfühlungsdramaturgie griff er wieder zurück. Das Parabelstück *Die Rundköpfe und die Spitzköpfe* (1936) erzählt »Ein Greuelmärchen« (Untertitel) von Hitlers Rassenhaß und Rassenverfolgung; in *Der aufhaltsame Aufstieg des Arturo Ui* (1941) dient eine Chicagoer Gangster-

Geschichte zur Entlarvung des brutal-kriminellen national-sozialistischen Terrors; das Stück *Die Gesichte der Simone Machard* (1943) stilisiert eine antifaschistische Resistance-Gestalt im von deutschen Truppen besetzten Frankreich zur Jeanne d'Arc-Figur; in dem Widerstandsstück *Die Gewehre der Frau Carrar* (1937) führt Brecht eine Entscheidungs-situation während des spanischen Bürgerkriegs vor; realisti-sche Szenen ohne jede Verfremdung zeigt er in dem Zyklus *Furcht und Elend des Dritten Reiches* (1938) und in *Schweyk im Zweiten Weltkrieg* (1943) schließlich eine Satire der Nazi-Größen, die durch den ›kleinen Mann‹ zu Fall ge-bracht werden.

Obwohl eigentlich für den direkten ›Eingriff‹ in die Zeit-ereignisse geschrieben, kam es bis zum Kriegsende nur zu wenigen beachtenswerten Aufführungen dieser Stücke; die Isolation des Exils verwehrte ihnen die eigentlich beabsich-tigte politische Wirkung. Weil später ihr Angriffsziel nicht mehr gegeben war, verloren sie auch für Brecht an Interesse, manche von ihnen ließ er nicht einmal drucken, sie wurden erst über den Nachlaß zugänglich (vgl. Melchinger 1974, 199). Den Entschluß, von dieser agitatorischen Dramatik zu lassen, bezeichnete er später in der Vorrede zum *Kleinen Organon für das Theater* (1948) als Rückkehr in das »Reich des Wohlgefälligen« (16,662). Gemeint ist mit dieser Meta-pher ein Theater der »großen Form«, dem über die reine Pädagogik hinaus auch Unterhaltungsfunktion zugebilligt wird; mit Stücken dieser Bauart, die ebenfalls im Exil ent-standen, sollte Brecht in der Nachkriegszeit nachhaltige Wirkung erzielen.

Furcht und Elend des Dritten Reiches. Die Folge von 24 Szenen entstand 1935–38 im dänischen Exil zunächst unter dem – Heinrich Heines *Wintermärchen* paraphrasie-renden – Titel *Deutschland – ein Greuelmärchen*. Sieben Szenen wurden am 21. Mai 1938 in Paris unter dem Titel *99 %*

uraufgeführt. Eine im selben Jahr zur Veröffentlichung vorbereitete Fassung mit 27 Szenen blieb ungedruckt. Die amerikanische Fassung *The Private Life of the Master Race* konnte erst am 12. Juni 1945, nach der deutschen Kapitulation, in New York aufgeführt werden. Eine deutsche Erstaufführung von sieben Szenen fand 1947 in Ost-Berlin statt.

Wie die ersten Aufführungsorte belegen, sollte die Szenenfolge ursprünglich einem Publikum außerhalb Deutschlands ein Bild von der Situation unter der nationalsozialistischen Diktatur zeigen, später auch Einsichten über »die seelische Verfassung der Armee des totalitären Staates« und »ein Bild von der Brüchigkeit dieser Kriegsmaschine« vermitteln (B 376). Dieser Intention Brechts entspricht, daß die Szenen nicht in einem einzigen Arbeitsprozeß entstanden sind, sondern – nach eigenem Zeugnis aus dem Jahre 1938 (vgl. AJ 22) – während langjähriger Sammlung und Sichtung besonders aussagekräftiger Augenzeugenberichte und Zeitungsnotizen. Diese Berichte und Notizen bearbeitete er allerdings sorgfältig im Sinne seiner Geschichts- und Gesellschaftsauffassung, und er gab ihnen auch eine bühnenwirksame Form. Er streute die Schauplätze und wählte die Figuren so, daß geographisch wie soziologisch das gesamte Deutschland repräsentiert war. Vor allem aber spitzte er die Vorfälle auf brutale, enthüllende Verhaltensweisen der Beteiligten zu, damit ein deutliches Gesamtbild vom Funktionieren des Terrorregimes entstand.

Wiewohl in dem Stück ein innerer Zusammenhang durchaus gegeben ist, zeigen die Einzelszenen doch sehr Verschiedenes. Den Auftakt machen zwei betrunkene randalierende SS-Leute, die am Tag der sogenannten Machtergreifung mit der Schießwut brutaler Feiglinge ein Arbeiterviertel terrorisieren (»Volksgemeinschaft«); dann wird der Kleinbürger mit dem horchenden Ohr an der Wohnungstür gezeigt, voll kläglicher Furcht, als der Nachbar, den er denunziert hat, abgeführt wird (»Der Verrat«); dann – beispielsweise – der

Amtsrichter, dem ein Überfall von SA-Schlägern auf einen
jüdischen Juwelier zur Verhandlung übergeben wird und
der zu jeder Rechtsbeugung bereit wäre, wenn er nur wüßte,
welche gerade verlangt wird (Rechtsfindung); der Chirurg,
der am Bett des zusammengeschlagenen Arbeiters vergißt,
nach der Herkunft der Wunden zu fragen (»Die Berufs-
krankheit«); dann zwei Physiker, die sich hüten, öffentlich
über Einsteins Theorien zu diskutieren, und ihn vorsichts-
halber laut verhöhnen (»Physiker«); eine Frau, die erfahren
muß, daß ihre Freunde und sogar ihr Mann verängstigt mit-
spielen, als sie ihre bevorstehende Flucht als »kleine Reise«
bezeichnet (»Die jüdische Frau«); der Studienrat und seine
Frau, die ihre Haltung schon bei dem Verdacht verlieren, ihr
Sohn könnte sie bespitzeln und anzeigen (»Der Spitzel«);
die Arbeiter einer Fabrik, die ihre eigene Ausbeutung öffentlich beschönigen sollen (»Die Stunde des Arbeiters«);
die Arbeiterfrau, die es nicht wagt, den Zinksarg mit der
Leiche ihres im KZ ermordeten Mannes zu öffnen (»Die Ki-
ste«); der entlassene Häftling, der das Mißtrauen seiner Genossen ertragen muß, weil er korrumpiert sein könnte (»Der
Entlassene«); die alte Frau, die mit zutraulichem Gerede
ihre Tochter der Polizei ausliefert (»Winterhilfe«); der faschistische Metzger, der sich erhängt, als er erkennen muß,
daß die Idee vom Volksganzen in der Wirklichkeit des Regimes keine Bedeutung hat (»Der alte Kämpfer«); die kleine
Widerstandsgruppe, die am Tag der Okkupation Österreichs, die Hakenkreuzfahne im Fenster, ein Flugblatt zur
Volksbefragung entwirft (»Volksbefragung«).
Die einzelnen in sich abgeschlossenen – und auch für sich
spielbaren – Szenen evozieren den Eindruck »realistisch
verdichteter Momentaufnahmen« (Müller 1985, 270). Daß
sie sich letztlich doch zu einem Gesamt-Stück vereinen, ergibt sich aus der Art ihrer Verknüpfung, die Brecht als
»montage« (AJ 22) bezeichnete. Als formales Mittel dafür
dienten ihm die Titel, die er den einzelnen Szenen gab. Außerdem stellte er jedem dieser ›Bilder‹ eine Liedstrophe

voran, die wie eine Art Motto das Geschehen sarkastisch interpretiert.

Trotz einer im ganzen realistischen Darstellungsweise verzichtete Brecht also, wie diese formalen Stilelemente belegen, keineswegs völlig auf Verfremdung. Darüber hinaus episiert er mehrfach das Geschehen gleichsam von innen heraus. So ist, wie Mennemeier (1975) einsichtig darlegt, beispielsweise die Szene »Das Kreidekreuz« vom üblichen Realismus durch eine ganze Dimension unterschieden. »Der SA-Mann, der in die Herrschaftsküche eine beklemmend zweideutige Atmosphäre von Jovialität und Terror bringt, wird vom Autor als Figur eines Spiels im Spiel eingesetzt« (ebd., 63). Er fordert einen zufällig anwesenden Arbeiter auf, den Regime-Gegner zu spielen, der dieser in Wirklichkeit auch ist, so wie er der Spitzel ist, den er hier nur spielt. Als aber auf dem Höhepunkt des Spiels der SA-Mann seine Maske fallen läßt und seine Agentenfunktion preisgibt, »da erscheint die gespielte Gebärde für einen Augenblick zugleich als die wirkliche: Auf dem Rücken des Arbeiters sieht man das Kreidekreuz, das in der Wirklichkeit die Getäuschten für ihre Peiniger markiert« (ebd.). Dieses fingierte Spiel innerhalb der Szene ist sehr spannungsvoll inszeniert, zugleich erlaubt es, »die sprachlichen und mimischen Gebärden auf der Bühne ›auszustellen‹ und politische Aufklärung zu geben; der faschistische Typus kann studiert werden« (ebd.). Über reflektierte Rezeption der dargestellten Gemeinheiten und Brutalitäten des nationalsozialistischen Terrors kann die Szene ihre agitatorische Wirkung auf den Zuschauer ausüben.

In gleichartiger Tendenz, freilich mit anderen formalen Gestaltungsmitteln, transportieren auch die übrigen Szenen Bilder und Gesten des Erschreckens, des Verstummens. Inhaltlich werden sie zusammengehalten durch die Thematik der Anpassung an das verbrecherische System oder durch Verweise auf die Vereinzelung des Menschen in diesem System. Gerade an alltäglichen Vorkommnissen wird demonstriert, daß jegliche Form der Anpassung, die darauf bedacht ist, sich herauszuhalten, zum Scheitern verurteilt ist und zum Mitmachen führen muß; daß das abgestufte System des Verrats und der Verdächtigung notwendig in einen Zustand der permanenten Unterdrückung führen muß (vgl. Völker 1983, 177).

Jede der Szenen zeigt eine Situation, die das Aufrechterhalten der Lüge über die wahre Beschaffenheit der Verhältnisse unmöglich erscheinen läßt und der hartnäckigen Selbsttäuschung die Grundlage entzieht. Rechtsbeugung, Denunziation, Verleugnung, die zu Beginn des verbrecherischen Gewaltsystems noch als relativ harmlos erschienen sein mögen, entlarven sich im Verlauf der Szenenfolge als Voraussetzung, die notwendig zum Krieg und zur brutalen Ausrottung aller Gegner und Andersdenkenden führt. »Das Blut, das fließen wird, ist nur möglich, weil die anderen stillhalten, weil man meint, eine kleine Lüge sei nicht so schlimm, sie korrumpiere nicht« (Knopf 1980, 146).

Brechts Wirkungsabsicht genügte es nicht, den Zuschauer über die wirklichen Verhältnisse im nationalsozialistischen Deutschland aufzuklären, ihn betroffen zu machen angesichts der schlimmen Vorkommnisse, es war sein politisches Ziel, das Publikum zum Widerstand, zumindest zum passiven Widerstand zu motivieren. So steht denn auch am Ende der letzten Szene des Stücks, die vor dem Hintergrund des »Anschlusses« Österreichs und von Hitlers Einmarsch in Wien spielt, das eindeutige und zukunftsweisende »Nein«, mit dem die Bevölkerung auf die Volksbefragung zur Einheit von »Volk«, »Reich« und »Führer« antworten soll (vgl. Knopf 1980, 148).

Der aufhaltsame Aufstieg des Arturo Ui.   Die Idee zu einer Prosasatire über Hitler hatte Brecht schon 1934, die 1938 entstandene *Geschichte des Giacomo Ui* ist aber Fragment geblieben. Statt dessen schrieb Brecht im Frühjahr

1941, kurz vor der Flucht nach den USA, unter Mitarbeit von Margarete Steffin das Stück *Der aufhaltsame Aufstieg des Arturo Ui*, mit dem er sich dem amerikanischen Theater empfehlen wollte. Nach der Ankunft in Amerika hat Brecht aber keinen ernsthaften Versuch gemacht, das Stück zur Aufführung zu bringen; und der Eintritt der USA in den Krieg, die davon ausgelöste Welle des Patriotismus schloß eine Aufführung schließlich völlig aus. So blieb der Text liegen, er wurde erst nach dem Tode Brechts veröffentlicht. Die Uraufführung des Stücks fand am 10. November 1958 im Stuttgarter Staatstheater statt.

Der aufhaltsame Aufstieg des Arturo Ui ist ein Parabelstück, in dem die Geschichte des Hitlerfaschismus von der Weltwirtschaftskrise bis zur Okkupation Österreichs in das Milieu der amerikanischen Gangstersyndikate verfremdet ist, allerdings ohne dabei zu einem bloßen »Schlüsselstück« (Müller 1985, 264) zu werden. Der Gangster Arturo Ui steht mit seiner Bande von Revolverhelden vor dem Bankrott und dient sich deshalb den Führern des Karfioltrusts (d.i. das Blumenkohlmonopol) an: Er wird den Grünzeughändlern Schutz vor »Überfällen« bieten, wenn sie sich verpflichten, die Waren abzunehmen und zu vertreiben; denn auch der Karfioltrust hat in der Wirtschaftskrise große Absatzsorgen. Nur die Staatsanleihe auf einen fingierten Hafenausbau könnte ihn sanieren, doch es ist schwierig an das Geld heranzukommen. Um den einflußreichen, aber als ehrlich und unbestechlich geltenden Politiker Dogsborough zur Unterstützung des Anleihebegehrens zu bewegen, machen ihm die Industriellen eine Reederei zum Geschenk, die sie zuvor ihrem Eigentümer Sheet abgepreßt haben. Weil nun auch seine eigenen Interessen betroffen sind, ist Dogsborough bereit, die Staatsgelder zu bewilligen und sie mit den Komplicen gemeinsam zu veruntreuen. Derart selbst korrupt geworden, sind nun die Industriellen auf Ui angewiesen, sich gegen die aufkommenden Vorwürfe der Korruption zu wehren. Arturo Uis Bande erledigt dies in gewohnter Weise, indem sie die Gegner und Zeugen liquidiert. Die Industriellen behalten ihre weiße Weste, bleiben nach außen hin ehrliche Geschäftsleute und glauben sich sicher. In dem Maße aber, wie sie sich Uis bedienen, gewinnt dieser an Macht und Einfluß über sie, immer tiefer geraten die Gierigen und Dummen ins Unheil. Ui seinerseits ist nun sehr darauf bedacht, seine niedere Herkunft und seine schmutzigen Aktionen mit dem Glanz des hart arbeitenden Aufsteigers zu veredeln. Er nimmt sogar Schauspielunterricht bei einem zerlumpten Shakespeare-Mimen, um richtiges Gehen, Stehen, Sitzen und Reden zu lernen; denn er möchte den Eindruck mangelnder Beherrschung (groß)bürgerlicher Umgangsformen verwischen, um bei öffentlichen Auftritten glaubhaft vortäuschen zu können, er handele im Interesse der gesamten Bevölkerung. Da aber Reden und bürgerliches Gebaren zur Rechtfertigung des steten Machtzuwachses nicht ausreichen, inszeniert Ui mit seiner Bande den »Speicherbrand«, um den Gemüsehändlern die latente Gefahr ersichtlich zu machen und sie zu zwingen, sich seinem »Schutz« anzuvertrauen. Damit aber weiterhin der Anschein bürgerlicher Wohlanständigkeit gewahrt bleiben kann, wird in einem Schauprozeß ein unschuldiger Arbeitsloser als Brandstifter verurteilt. Gleichzeitig wird das Testament des alten Dogsborough gefälscht und Ui zu seinem ideellen Sohn erklärt. Er übernimmt also auf augenscheinlich korrektem Wege das Erbe des Politikers. Der Expansion seiner Macht steht nun nichts mehr im Wege. »Mit Drohn und Betteln, Werben und Beschimpfen. / Mit sanfter Gewalt und stählerner Umarmung« (4,1799) bringt Ui erst ganz Chicago und dann auch die kleine Nachbarstadt Cicero unter seine Herrschaft. Den streitbaren kleinen Zeitungsmann Dullfeet, der dort sein Gegner ist und der noch immer den veralteten Anschauungen von Freiheit und Menschlichkeit nachhängt, läßt er ebenso beseitigen wie seinen getreuen Kampfgefährten Roma, der seine Macht innerhalb der Bande gefährden könnte. Am Ende ist die Alleinherrschaft gesichert. Den Industriellen, die ihm zum Aufstieg verholfen haben, weil sie nur an ihren Vorteil dachten, beläßt er zwar ihre weiterhin florierenden Geschäfte, ihren Einfluß aber hat er ihnen genommen.

Im *Arturo Ui* bringt Brecht die »Widersprüchlichkeit« des nationalsozialistischen Faschismus zur Anschauung (Mennemeier 1975, 71). Notate im *Arbeitsjournal* lassen erkennen, daß er sowohl Hitlers Handlangertum gegenüber dem bürgerlichen Großkapital wie dessen »faustlangertum« (AJ 274) vergegenwärtigen wollte. Der politisch-aufklärerische Effekt der Verfremdung des historischen Geschehens in das amerikanische Gangstermilieu besteht darin, daß der »kriminelle Kern« der »faschistischen Glorie« transparent wird (ebd.). Weil es sich nach Brechts marxistischer Geschichtsauffassung bei der Herrschaft des Nationalsozialismus letztlich um »geschäftliche Probleme« (ebd.) handelt, ist Hitlers Weg zur Macht darum mit Uis Einstieg ins Gemüse-Geschäft gleichgesetzt, und »die völkisch-rassisch oder sonstwie pompös motivierte Großmachtpolitik der Nazis findet ihre Parallele in den durchsichtigen Machenschaften des Chikago-Karfioltrusts« (ebd.).

In den 1946 nach dem Zusammenbruch des nationalsozialistischen Regimes verfaßten *Anmerkungen* gibt Brecht Auskunft über die Intention, die er mit dieser Parabel verfolgt hat. Das Stück sei geschrieben worden, heißt es da, »mit der Absicht, den üblichen gefahrvollen Respekt vor den großen Tötern zu zerstören« (17,1179). Die ästhetischen Mittel, deren er sich dafür bediente, sind dem Repertoire der Satire entnommen. So persifliert er beispielsweise gekonnt witzig die Redeweise Hitlers oder er ahmt die schauspielerischen Posen nach, die dieser bekanntermaßen vor dem Spiegel einübte, vor allem aber demoliert er mit der Gangsterfabel das traditionell im »großen Stil« (4,1722) gestaltete idealistische Geschichtsdrama. Er behielt dazu absichtsvoll den Blankvers bei und nutzte parodistisch Zitate aus großen klassischen Dramen. Konsequent setzte er alle ihm zur Verfügung stehenden dramaturgischen Möglichkeiten ein, um den Vorgängen des Stücks jene Bedeutung zu geben, »die ihnen leider zukommt« (17,1177). Mit den Mitteln der Satire, die »sich gerade für ernste Dinge interessiert«, wollte er »die großen politischen Verbrecher [...] der Lächerlichkeit« preisgeben (ebd.). »Denn sie sind vor allem keine großen politischen Verbrecher, sondern die Verüber großer politischer Verbrechen, was etwas ganz anderes ist. [...] Der Lump im kleinen darf nicht, wenn ihm die Herrschenden gestatten, ein Lump im großen zu werden, eine Sonderstellung nicht nur in der Lumperei, sondern auch in unserer Geschichtsbetrachtung bekommen. Und im allgemeinen gilt wohl der Satz, daß die Tragödie die Leiden der Menschen häufiger auf die leichte Achsel nimmt als die Komödie« (17,1177 f.).

Die Parabel vom Gangster Arturo Ui zielt, wiewohl sie »keineswegs Punkt für Punkt auf die entsprechenden historischen Figuren und Ereignisse bezogen« werden kann (Mennemeier 1975, 72), auf ein unaufgeklärtes Geschichtsbewußtsein der Zeitgenossen und läßt ihnen die »bekannten Vorgänge« in einem anderen Licht erscheinen. »im *Ui* kam es darauf an, einerseits immerfort die historischen vorgänge durchscheinen zu lassen, andrerseits die ›verhüllung‹ (die eine enthüllung ist) mit eigenleben auszustatten, dh, sie muß – theoretisch genommen – auch ohne ihre anzüglichkeit wirken« (AJ 251). Die auf Bewußtseinsveränderung ausgehende Botschaft der Parabel könnte, wenn dieser Anspruch ihres Verfassers zutrifft, wohl auch auf aktuelle Situationen angewendet werden; sie könnte damit in der Gegenwart etwas von jener Wirkung auslösen, die ihr unter den historischen Gegebenheiten ihrer Entstehung verwehrt war. Brecht jedenfalls bestand auf dem Anspruch der Übertragbarkeit, indem er das Stück im Epilog mit dem zur berühmten Sentenz gewordenen Satz enden ließ: »Der Schoß ist fruchtbar noch, aus dem das kroch« (4,1835).

1.5. Zeitüberdauernde Modelle

Mit den antifaschistischen Stücken hatte Brecht die – kaum
zu realisierende – Absicht verbunden, verändernd auf die
Zeitgeschichte einzuwirken. Je länger das Exil dauerte, um
so mehr war er gezwungen, den Anspruch auf unmittelbare
Einmischung zurückzunehmen und statt dessen die Erwartungen auf die Zukunft zu richten. Wollte er nicht einfach
auf die weitere Produktion verzichten, mußte er die Möglichkeiten des Theaters notwendigerweise an Stücken erproben, die von »langdauernder Bauart« (8,387) waren. »Die
großen Werke der zweiten Exilphase leisten das im Rahmen
der Parabelform« (Müller 1985, 279). Es entstanden neben
dem Volksstück *Herr Puntila und sein Knecht Matti* die
drei großen zeitüberdauernden Modelle *Mutter Courage
und ihre Kinder, Der gute Mensch von Sezuan* und *Der
kaukasische Kreidekreis.* Ihnen gemeinsam ist, daß sie zwar
vereinzelt auch auf dem Theater – u. a. in Zürich – gespielt
wurden, ihre Wirkung aber erst von den großen Nach-
kriegsaufführungen ausging.
In den Kontext der Exildramatik gehört auch das Physiker-
Drama *Leben des Galilei,* das allerdings eine gewisse Sonderstellung einnimmt. Im *Arbeitsjournal* vermerkte Brecht
rückblickend unter dem Datum vom 30. 7. 45: »so ist der
GALILEI in meiner produktion immerhin interessant als
gegenbeispiel zu den parabeln. dort werden ideen verkörpert, hier eine materie gewisser ideen entbunden« (AJ 747).
Ästhetisch betrachtet, bildet das Galilei-Drama die Fortfüh-
rung der Bemühungen um die »große Form« (15,184), die
Brecht seit der *Heiligen Johanna der Schlachthöfe* aufgegeben hatte. Die späteren Bearbeitungen, die seinen Gehalt
präzisieren, rechtfertigen es, das Stück gleichberechtigt neben die großen Dramen des Exils zu stellen.

Leben des Galilei. Die erste der drei Fassungen dieses Stücks schrieb Brecht 1938/39 im dänischen Exil, angetrieben vom Erschrecken über die Nachricht, daß deutschen Physikern die Spaltung des Uran-Atoms gelungen war. An der Person Galileis machte er die Frage nach der Verantwortung des Wissenschaftlers vor der Gesellschaft fest und beantwortete sie mit einem als vorbildhaft gemeinten Verhalten vorgetäuschter Unterwerfung: Galilei widerruft zwar seine Lehre, er forscht und schreibt aber in der Verbannung weiter und sorgt dafür, daß sein Werk über die Grenze kommt. Unter dem Titel *Die Erde bewegt sich / Leben des Galilei* wurde diese dänische Fassung am 9. September 1943 in Zürich uraufgeführt. Ihre ästhetische Form hat Brecht später selbstkritisch reflektiert. »Man müßte das Stück vollständig neu schreiben«, notierte er am 15. 2. 39 im Arbeitsjournal: »alles mehr direkt, ohne die interieurs, die ›atmosphäre‹, die einfühlung. Und alles auf planetarische demonstrationen gestellt« (AJ 41). Brecht unterstellt mit dieser Kritik, das Stück sei in der Art des traditionellen »Karussell«-Typs (16,541) geschrieben, während sich das neue Theater am Vorbild eines Planetariums auszurichten habe. Wie dort die »Bewegungen der Gestirne« (ebd.) an einem einfachen Modell vorgeführt würden, so solle auch das Theater die »Bewegungen der Menschen« in einer ebenfalls vereinfachten und betont künstlerischen Form demonstrieren.

Trotz der selbstkritischen Replik hat Brecht das Stück nicht neu geschrieben, obwohl er bei der Arbeit an der zweiten, 1945/46 in den USA in Zusammenarbeit mit Charles Laughton entstandenen englischsprachigen Fassung Gelegenheit gehabt hätte, den unverändert wirksamen Bedenken gegen das »Formale« (AJ 747) nachzugeben und das Dramatische mit seinem Identifikationsangebot an den Zuschauer zurückzudrängen. Statt dessen konzentrierte er sich, veranlaßt durch die Atombombenabwürfe auf Japan, auf eine entscheidende Veränderung des Gehalts. In der

Vorrede schrieb er: »Das ›atomarische Zeitalter‹ machte sein Debüt in Hiroshima in der Mitte unserer Arbeit. Von heute auf morgen las sich die Biographie des Begründers der neuen Physik anders. Der infernalische Effekt der Großen Bombe stellte den Konflikt des Galilei mit der Obrigkeit in ein neues, schärferes Licht« (17,1106). Die Uraufführung dieser amerikanischen Version des *Leben des Galilei* fand am 30. Juli 1947 in Beverly Hills statt.

Eine dritte Fassung ist 1954 bis 1956 in Berlin entstanden. Genaugenommen ist sie aber keine neue Fassung, sondern die Rückübersetzung der zweiten ins Deutsche, allerdings mit einer weiteren Verschärfung der Frage nach Verantwortung und Schuld des Wissenschaftlers. Diese Fassung ist die einzige, die auch 1955 gedruckt wurde. Ihre deutsche Uraufführung durch das Berliner Ensemble hatte erst nach dem Tod Brechts, am 15. Januar 1957 Premiere.

In fünfzehn Bildern werden Stationen aus dem Leben des Mathematikers und Physikers Galileo Galilei dargestellt, der das neue, kopernikanische Weltbild mit der Sonne im Mittelpunkt des Alls durchsetzen wollte und darüber mit der Kirche in Konflikt geriet, weil diese ihre Anschauung der Welt, die ihr als biblisch überliefert und philosophisch beglaubigt galt, gefährdet sah. Die Einzelheiten des Stücks, die zwischen 1609 und 1637 in Padua, Florenz und Rom spielen, entsprechen weitgehend der Biographie des historischen Galilei (vgl. Schumacher 1968; Knopf 1980), ohne daß deshalb ein aktualitätsfernes Historienbild gezeichnet würde. Das Stück beginnt damit, daß Galilei, Lehrer der Mathematik an der zur Republik Venedig gehörenden Universität von Padua, dem Knaben Andrea, Sohn seiner Haushälterin Sarti, auf anschauliche Weise das kopernikanische Weltsystem erklärt: Er ist überzeugt davon, daß das neue Weltbild selbst von Kindern verstanden werden kann. Der Kurator der Universität bringt die Nachricht, daß die von Galilei beantragte Gehaltserhöhung nicht bewilligt wird,

Ernst Busch als Galilei.
Aufführung des Berliner Ensembles, 1957

weil die Mathematik keine nützliche Wissenschaft sei. Aus
Geldnot akzeptiert Galilei daraufhin, dem jungen und nicht
besonders klugen Adligen Ludovico Privatunterricht zu geben. Von Ludovico erfährt Galilei, daß in Holland gerade
das neu erfundene Fernrohr auf den Markt gekommen sei.
Um zu Geld zu gelangen, baut er es, sich auf dessen Be-
schreibungen stützend, nach und gibt es vor dem Rat von
Venedig als seine Erfindung aus.

Mit Hilfe des Fernrohrs entdeckt Galilei die Jupitermonde
und damit einen entscheidenden Beweis für das von Kopernikus theoretisch formulierte Weltsystem. Im Vertrauen auf
die Überzeugungskraft der Vernunft verläßt er die unab-
hängige Republik Venedig und folgt einem Ruf an den flo-
rentinischen, der römischen Kirche eng verbundenen Hof
der Mediceer, weil er dort besser bezahlt wird und dadurch
mehr Zeit zum Forschen hat. Aber bei einer Demonstration
vor dem neunjährigen Großherzog Cosmo verweigern die
Florentiner Gelehrten einen Blick durch das Fernrohr auf
die Jupitermonde, weil sie keine Sterne sehen wollen, die es
nach der herrschenden Lehre der Kirche gar nicht gibt. Galilei läßt sich durch diese arrogante Ignoranz keineswegs er-
schüttern und setzt, obwohl in Florenz eine Pestepedemie
ausbricht, seine Forschungen unbeirrt fort, um weitere Be-
weise für die neue Lehre vorlegen zu können. Die Wahrheit
scheint sich durchzusetzen, als in Rom der päpstliche Astro-
nom Clavius die Richtigkeit von Galileis Entdeckungen bestätigt. Gleichwohl erklärt die Inquisition die kopernikanische Lehre für töricht, absurd und ketzerisch und weist Galilei an, daß er seine Forschungsergebnisse nicht verbreiten
dürfe.

Zum Stillhalten gezwungen, schweigt Galilei über Jahre hin.
Er beschäftigt sich mit seinen Schülern, zu denen neben Andrea der Linsenschleifer Federzoni und ein Mönch gehören,
mit den Eigenschaften schwimmender Körper. Als Ludovico, der seit Jahren mit Galileis Tochter Virginia verlobt
ist, die Nachricht bringt, daß der wissenschaftlich gebildete

und Galilei freundlich geneigte Kardinal Barberini neuer Papst wird, beginnt Galilei voller Hoffnung sofort, die untersagten Forschungen wieder aufzunehmen und auf das Feld der Sonnenflecken auszudehnen. Ludovico löst daraufhin die Verlobung.

Im folgenden Jahrzehnt greifen »Pamphletisten und Balladensänger [...] überall die neuen Lehren auf« (3,1312), sie finden Eingang ins Volk und beginnen dort sozialrevolutionär zu wirken. Nachdem die kirchlichen Autoritäten sogar auf Fastnachtsumzügen verhöhnt wurden, wird Galilei von Abgesandten der Inquisition verhaftet und nach Rom gebracht. Dort überantwortet ihn der Papst der Inquisition mit der Anweisung, ihm, sollte er den geforderten Widerruf seiner Lehre verweigern, im äußersten Fall die Folterinstrumente zu zeigen.

Seine Schüler sind überzeugt, daß Galilei nicht widerrufen wird. Doch er unterwirft sich der Macht und schwört seiner Lehre ab. Von da an lebt er als Gefangener der Inquisition mit Virginia in einem Landhaus in Florenz. Jahre später besucht ihn dort Andrea, der auf dem Weg nach Holland ist. Der halberblindete Galilei übergibt ihm die heimlich gefertigte Abschrift seines Buchs, der *Discorsi*, das er mit Erlaubnis der Inquisition zu Ende geführt hat, jedoch an sie abliefern mußte. Nunmehr bejaht Andrea Galileis Widerruf, weil er glaubt, er habe ihn aus List vollzogen, um sich die Möglichkeit zu verschaffen, seine wissenschaftlichen Forschungen fortzusetzen. Galilei jedoch belehrt ihn, daß er aus Angst vor der Tortur der Folter widerrufen habe: »Ich habe meinen Beruf verraten. Ein Mensch, der das tut, was ich getan habe, kann in den Reihen der Wissenschaft nicht geduldet werden« (3,1341). Das Stück endet damit, daß Andrea die *Discorsi* über die Grenze bringt.

Von den späten Dramen Brechts gilt *Leben des Galilei* als das schwierigste, seine Interpretation und Bewertung sind bis heute umstritten. Die Gründe liegen wesentlich in der nicht widerspruchsfrei gestalteten Hauptfigur. Einmal scheint unzweifelhaft der Nachweis intendiert, Galilei habe ohne echte Lebensgefahr der Obrigkeit Widerstand leisten können, da er eine Zeitlang stärker gewesen sei als sie; dann würde naheliegen, den Widerruf (wie in der ersten Fassung beabsichtigt) als kluge List zu verstehen. Zum anderen ist der Widerruf aber mit der Angst vor »dem körperlichen Schmerz« (3,1338) und der »Furcht vor dem Tode« (Mat 5,15) motiviert; dann problematisierte das Stück primär einen persönlichen Konflikt seines Protagonisten. Der innere Widerspruch, daß Galilei die neue Wahrheit begründet und zugleich verrät, ist derart freilich nicht auflösbar. Entscheidend für seine Beurteilung ist, daß er seinen Widerruf als Verrat begriffen hat, der Konsequenzen für sein Ethos als Wissenschaftler haben mußte. Damit wird die Verantwortung des Wissenschaftlers gegenüber den Ergebnissen seiner Arbeit zum Hauptthema des Stücks und das in ihm vorgeführte gesellschaftliche Desinteresse Galileis »zu einem Grundsatzproblem naturwissenschaftlicher Forschung und ihrer Verwertung überhaupt, also zu einem Problem von historisch übergreifender Qualität« (Schöttker 1989, 287). Galileis Selbstkritik ist mit Brechts Kritik an einem Versagen der modernen Wissenschaft vor den politischen Herausforderungen der Zeit identisch. Sie setzt allerdings den – anderen Zeitgenossen nicht mehr so selbstverständlichen – Glauben an die individuelle Verantwortung des einzelnen Forschers und an den Fortschritt der Menschheit durch Wissenschaft voraus. »Ich halte dafür, daß das einzige Ziel der Wissenschaft darin besteht, die Mühseligkeit der menschlichen Existenz zu erleichtern« (3,1340), läßt der Autor seinen Protagonisten sagen; und weil der mit seinem Verrat eben dieser sozialen Verantwortung nicht gerecht geworden ist, zwingt er ihm die Haltung »eines sozialen Verbrechertums« auf (Frühwald 1984, 40) und nötigt ihn zu einer »prinzipielle[n] Selbstverklagung« (Sautermeister 1984, 137), »so, als hätte es in Galileis Macht gestanden, den Geschichtsprozeß umzukehren und die staatskluge Gegenauf-

klärung aus den Angeln zu heben« (ebd.). Gegenüber Andrea erklärt Galilei:
»Ich hatte als Wissenschaftler eine einzigartige Möglichkeit. In meiner Zeit erreichte die Astronomie die Marktplätze. Unter diesen ganz besonderen Umständen hätte die Standhaftigkeit eines Mannes große Erschütterungen hervorrufen können. Hätte ich widerstanden, hätten die Naturwissenschaftler etwas wie den hippokratischen Eid der Ärzte entwickeln können, das Gelöbnis, ihr Wissen einzig zum Wohle der Menschheit anzuwenden! Wie es nun steht, ist das Höchste, was man erhoffen kann, ein Geschlecht erfinderischer Zwerge, die für alles gemietet werden können« (3,1341).

Weil er sich der Macht unterworfen hat, um für seine Arbeit die erforderlichen Mittel und Ruhe zu haben und außerdem ein einigermaßen angenehmes Leben liebte, und weil er seine Lehren widerrufen hat, um Folter und Tod zu entgehen, steht Galilei am Ende des Stücks als Negativ-Held da. Dies um so mehr, als er am Anfang durchaus als positive Gestalt erscheint. Er vertritt da »mit der Haltung des Zweifelns, des Experimentierens, der kritischen Infragestellung aller überkommenen Wahrheiten, des Glaubens an die menschliche Vernunft und des lustvollen Lehrens den Optimismus einer neuen Zeit, die im Zeichen der Naturbeherrschung zu einem Zeitalter werden könnte, ›in dem zu leben eine Lust ist‹ (3,1233 f.)« (Müller 1985, 275). Doch dieser Fortschrittsoptimismus hält nicht vor, er wird Schritt für Schritt zu der Erkenntnis aufgebracht, »daß die Wahrheit nicht autonom und die Wissenschaft in ihrer Entfaltung durch die Interessen der Mächtigen eingeschränkt ist« (ebd., 276). Die Kirche vertritt hier nur die Stelle jeder Obrigkeit, der geistlichen und der weltlichen, der wissenschaftlichen und der politischen, an ihrem Widerstand aber »erkennt Galilei den sozialen Zusammenhang seiner Einsichten« (ebd.). Der wissenschaftliche Zweifel, Motor seiner Forschungsaktivitäten, bemächtigt sich zunehmend auch seiner

Hoffnungen und Gewißheiten, bis er schließlich den naiven Glauben an die selbsttätige Wirkkraft der Vernunft aufgibt: »Es setzt sich nur so viel Wahrheit durch als wir durchsetzen; der Sieg der Vernunft kann nur der Sieg der Vernünftigen sein« (3,1297).

Indem Brecht derart »die Erwartungen und Lebensperspektiven Galileis von Mal zu Mal heftiger in ihr Gegenteil umschlagen« läßt, »rückt er den Betrachter in ›epische Distanz‹ zu seiner Hauptfigur« (Sautermeister 1984, 134) und fordert seine »reflexive Aufmerksamkeit« (ebd.) heraus. Dem Zuschauer überläßt er es – scheinbar – auch, sich ein Urteil zu bilden und Konsequenzen daraus zu ziehen, wenn er Andrea das Gespräch mit Galilei mit den Sätzen beenden läßt: »Hinsichtlich Ihrer Einschätzung des Verfassers, von dem wir sprachen, weiß ich Ihnen keine Antwort. Aber ich kann mir nicht denken, daß ihre mörderische Analyse das letzte Wort sein wird« (3,1342).

Die in der Figurenperspektive angelegte Distanz widerspricht – von der chronikartig erzählten Handlungsstruktur ganz abgesehen – der wiederholt vorgebrachten These, daß dieses Stück im Stil der aristotelischen Einfühlungsdramatik geschrieben sei (vgl. Schumacher 1968). Zweifellos kann die Hauptfigur beim Betrachter mitfühlende Empfindungen auslösen, das hat auch Brecht nicht verhindern wollen. Er hat die aktuelle Thematik des Stücks durch die Wahl seines Protagonisten aber nicht nur historisch verfremdet, sondern diesen zudem »stückimmanent zum Historiker seiner selbst« (Müller 1981, 37) werden lassen. In Galileis großem Schlußmonolog heißt es: »Ihr mögt mit der Zeit alles entdecken, was es zu entdecken gibt, und euer Fortschritt wird doch nur ein Fortschreiten von der Menschheit weg sein. Die Kluft zwischen euch und ihr kann eines Tages so groß werden, daß euer Jubelschrei über irgendeine neue Errungenschaft von einem universalen Entsetzensschrei beantwortet werden könnte« (3,1340 f.). Diese Zukunftsvision Galileis richtet sich zweifelsohne unmittelbar an die

Adresse des Publikums. Die Person, »die eigentlich durch das Stück hätte historisiert werden sollen«, übernimmt damit selbst »diese Grundoperation des epischen Theaters. Sie zeigt, daß hinter ihren Handlungen allgemeine historische Strukturen zu finden sind« (Schöttker 1989, 288).

Mutter Courage und ihre Kinder. Nach vorangegangenen Studien und Entwürfen hat Brecht das Stück *Mutter Courage und ihre Kinder* in wenigen Wochen niedergeschrieben, als im September 1939 der Zweite Weltkrieg begann, den er seit 1933 als die unvermeidliche Konsequenz der faschistischen Herrschaft vorausgesagt hatte (vgl. Müller 1985, 281). Er hatte beim Schreiben jene Kräfte in Dänemark und im übrigen Europa im Blick, »die glaubten, sich aus dem Krieg heraushalten, aber durch ihn ins Geschäft kommen zu können« (Hinck 1984, 162). Bezöge das Stück freilich seine Substanz nur aus dem Kontext dieser konkreten historischen Situation, wäre es gewiß längst vergessen und gehörte nicht zu den meistgespielten Dramen Brechts. Sein Rang gründet auf dem Beispiel- und Gleichnischarakter, der seinen gegen den Krieg gerichteten Appell weit über den Anlaß seiner Entstehung hinaus gültig bleiben läßt (vgl. Hinck 1984, 162 f.).

Die Handlung des Stücks hat Brecht in die Zeit des Dreißigjährigen Krieges verlegt. Das assoziiert den »Großen Glaubenskrieg«, den der Autor auch andernorts, beispielsweise im *Augsburger Kreidekreis* als Hintergrund wählte. Aber angesichts des ganz gegenwärtigen Kriegs, der Brecht während der Arbeit an dem Stück bedrohte, ist naheliegend, »daß hier durchaus kein Glaubenskrieg geführt wird, daß die Religion – wie jede Ideologie – nur Vorwand und Verschleierung der wirklichen Interessen ist« (Müller 1985, 282): »Die Courage [...] erkennt zusammen mit ihren Freunden und Gästen und nahezu jedermann das merkantile Wesen des Kriegs: das ist gerade, was sie

anzieht« (4,1443). Die Fabel des Stücks erzählt eine Geschichte, die sich mit Zeitsprüngen, vom Frühjahr 1624 bis
zum Januar 1636 erstreckt. Gemeinsam mit ihren beiden
Söhnen Eilif und Schweizerkas und ihrer stummen Tochter
Kattrin zieht die Marketenderin Anna Fierling, genannt
Mutter Courage, mit ihrem Planwagen kreuz und quer
durch das Land. Sie betrachtet den Krieg als Geschäft und
glaubt fest daran, daß sie ihn brauche, um sich und ihre
Kinder ernähren zu können. Als sie sich im Frühjahr 1624
in Südschweden aufhält, entführt ihr ein hinterlistiger Sol-
datenwerber den ältesten Sohn Eilif. Zwei Jahre später trifft
sie ihn wieder, aber anstatt ihn für seine Tapferkeit, die ihm
eine Auszeichnung eingebracht hat, zu loben, ohrfeigt sie
ihn, weil er sein Leben aufs Spiel gesetzt hat. Gleichzeitig
nutzt sie die Gelegenheit zu einem Geschäft, indem sie an
Pfeifenpieter, den Koch des Feldhauptmanns, einen Kapaun
zum Überpreis verkauft. Drei Jahre später gerät die Courage mit Teilen des Regiments in die Gefangenschaft der
Katholischen. Als Schweizerkas, der wegen seiner Ehrlich-
keit inzwischen zum Zahlmeister avanciert ist, die ihm an-
vertraute Kriegskasse in Sicherheit zu bringen versucht,
wird er als vermeitlicher Dieb ertappt und vor ein Feld-
gericht gestellt. Um ihn zu retten, will die Courage ihren
Marketenderwagen, von dem ihre Existenz abhängt, an die
Lagerhure Yvette Pottier verpfänden; sie feilscht aber zu
lange, und ihr Sohn wird erschossen.
Nun zieht sie im Troß des katholischen Heeres weiter, ein
protestantischer Feldprediger, der sein geistliches Amt verleugnet hat, wird ihr Gehilfe. Als Tilly, der Feldherr der
Katholischen, 1632 fällt, fürchtet die Courage, sein Tod
könnte den Krieg beenden, für den sie gerade neue Waren
eingekauft hat. Doch ihre Sorge ist unbegründet, der Krieg
geht weiter. Sein nächstes Opfer unter ihren Kindern wird
ihre Tochter Kattrin: sie wird überfallen, vergewaltigt und
furchtbar verunstaltet. Nach dem Tode des schwedischen
Königs Gustav Adolf in der Schlacht bei Lützen bricht für
kurze Zeit Frieden aus. Während die Courage, um Ware ab-

zustoßen, ihren Wagen verlassen hat, werden der Feldprediger und Pfeifenpieter Zeuge, wie Eilif, der während des
Friedens geplündert und geschändet hat – es sind die gleichen Taten, für die er vormals ausgezeichnet worden war –
zur Hinrichtung abgeführt wird. Unmittelbar danach bringt
die Courage die Freudenbotschaft, daß der Krieg weiter-
geht.
Im frühen Winter 1634 bettelt die Verarmte vor einem
Pfarrhaus im Fichtelgebirge um Essen. Pfeifenpieter, der in
seiner Heimatstadt Utrecht ein Wirtshaus geerbt hat, will
die Courage mitnehmen, wenn sie Kattrin zurückläßt. Aber
sie willigt nicht ein und zieht mit dem Mädchen allein weiter. Zwei Jahre später rettet die stumme Kattrin die prote-
stantische Stadt Halle, aus Mitleid mit den Kindern, vor einem Überfall der kaiserlichen Truppen und bezahlt dies mit
ihrem Leben: Um die schlafenden Bürger zu warnen, steigt
sie auf das Dach eines Bauernhauses und schlägt die Trom-
mel; man schießt sie nieder, doch die Stadt hat ihre War-
nung gehört. Am Morgen zieht die Courage weiter, den
Leichnam ihrer Tochter den Bauern überlassend; sie schließt
sich den abrückenden Soldaten an, in der Hoffnung, ihren
Sohn Eilif wiederzufinden, von dessen Tod sie nichts weiß.
Getrieben von dem einzigen Gedanken: »Ich muß wieder in
Handel kommen« (4,1437), spannt sie sich nun ganz allein
vor den zerlumpten Marketenderwagen, mit dem sie – im
wörtlichen und im übertragenen Sinne – durch das ganze
Stück gezogen ist. Dieses Requisit, der Wagen, »ist instabil
wie die Welt der Courage, er drückt aus, woran die Courage
sich klammert, um durchzukommen: Handel. Was sie und
ihre Kinder durchbringen soll, versklavt sie: am Anfang des
Stückes ziehen die Söhne, Courage und Kattrin sitzen
obenauf. Am Ende zieht die Courage allein, gebeugt, den
leeren Wagen weiter« (Rischbieter 1970 [b], 31).
Mutter Courage und ihre Kinder wurde am 19. April 1941
im Schauspielhaus Zürich uraufgeführt. Mit seiner Auf-
nahme bei Zuschauern und Kritik war Brecht allerdings

nicht zufrieden, denn das Stück wurde als »Niobetragödie«
verstanden und in der Figur der Courage die »erschütternde
Lebenskraft des Muttertiers« (4,1439) gesehen. Als Brecht
das Stück 1949 für das Deutsche Theater in Berlin einstudierte, hat er deshalb am Text Veränderungen vorgenommen, die die Skrupellosigkeit der Courage, ihr Erscheinungsbild als »Hyäne des Schlachtfeldes« (4,1414), unübersehbar machen und jedem Mitleid mit ihr vorbeugen sollten. Im Zusammenhang dieser Änderungen merkte er an,
die Courage wisse um »das rein merkantile Wesen des Krieges«, das sei es gerade, was sie anziehe; sie glaube »an den
Krieg bis zuletzt« (14,1443). Tatsächlich verflucht die Courage nur ein einziges Mal den Krieg, als Kattrin überfallen
und verunstaltet wird (4,1408), doch schon kurz danach erklärt sie ihr und dem Feldprediger: »Ich laß mir den Krieg
von euch nicht madig machen. Es heißt, er vertilgt die
Schwachen, aber die sind auch hin im Frieden. Nur, der
Krieg nährt seine Leut besser« (4,1409).
Die Betonung der Mutterrolle durch die Zürcher Aufführung und das durch Brechts Gegenreaktion in den Vordergrund gehobene Geschäftsinteresse der Courage sind keine
zufälligen Widersprüche, sie sind in der Figur angelegt und
bestimmen sie. Die Marketenderin sieht ihre Kinder durch
einen Krieg bedroht, für den sie nichts kann, den sie jedoch
dadurch, daß sie an ihm verdient, bejaht und dessen Ende
sie deshalb nicht wünschen kann. Courages beste Fähigkeiten, ihr vitaler Behauptungswille und ihr nüchterner, praktischer Sinn in heiklen, gefährlichen Situationen, sind zugleich ihr Verderbnis, weil sie »im Neben- oder Hauptberuf« auch Mutter ist (Baumgart 1989, 260). Sie täuscht sich
über ihre tatsächlichen Möglichkeiten, »sie führt ihre Familie in den Krieg – in der Zuversicht, sie zugleich aus den
Kämpfen heraushalten zu können, sie versteht den Händlerstandpunkt als eine neutrale und überlegene Position, die
vom Widerstreit der Interessen profitiert« (Müller 1985,
282). 1956 schrieb Brecht für die Göttinger Aufführung

Helene Weigel als Mutter Courage.
Aufführung des Berliner Ensembles, 1949

über die Courage: »Ihr Händlertum hält sie für Muttertum,
aber es zerstört ihre Kinder, eins nach dem anderen«
(17,1150). »Mutter und Courage« sind folglich, wiewohl
der Titel sie vereint, realiter »unvereinbare«, »letzlich ver-
nichtende Gegensätze« (Müller 1985, 282).

Doch die eindrückliche Demonstration der Händlerin Courage, die ob ihrer Geschäftsinteressen mit ihrer Mutterrolle
in Konflikt kommt, die »dreimal im entscheidenden Augenblick ihre Mutterpflichten vergißt« (Baumgart 1989, 260),
ist nicht Brechts letztes Wort in diesem Stück. Mit der Gestalt der Kattrin hat er der Courage eine Gegenfigur geschaffen, läßt er die hilfloseste Figur zur hilfreichsten werden (vgl. AJ 891). Die Kinderliebe, »der große Antrieb der
Stummen – der zerstörten Kreatur, die nie ein leibliches
Kind erwarten kann« (Hinck 1984, 171), läßt sie um den
Preis des eigenen Lebens die Stadt Halle vor dem Untergang retten. Reinhard Baumgart (1989) sieht in diesem Beispiel »reiner Menschlichkeit« Brechts »Grundüberzeugung
von der Sinnlosigkeit und Dummheit allen Heldentums in
finsteren Zeiten« ganz plötzlich »in die Luft« gesprengt
(262). Denn die trommelnde Kattrin, die nun ihr Leben
opfere für andere, tue »durchaus nichts Revolutionäres«,
ändere »keineswegs die Verfassung der Welt«, sondern sta-
tuiere »wie hinter dem Rücken des Autors ein für ihn ver-
gebliches, ja geradezu verbotenes Exempel« (ebd.). Baumgart vermutet, daß hier, falls Brecht seine Überzeugung
nicht nur einem mächtigen Theatereffekt opfern wollte,
die Figur »ihren Autor überwältigt hat« (ebd.). Er steht mit
der Meinung, daß Autorintention und Figurengestaltung
widersprüchlich wirken, durchaus nicht allein da, auch andere Interpreten (vgl. Mat 6 u. 7) haben dies wahrgenommen, freilich je nach ideologischem Standort unterschied-
liche Schlüsse daraus gezogen.

Brecht hat das Stück *Mutter Courage und ihre Kinder* im
Untertitel eine *Chronik aus dem Dreißigjährigen Krieg* genannt. Er hat damit weniger eine gattungsmäßige Einord-

nung angedeutet, sondern vor allem den epischen Charakter des Dramas betont. Ein dramatischer Ablauf, der eine Einteilung der Handlung in ein traditionelles Akte-Schema rechtfertigen würde, wie Rischbieter (1970 [b], 23 f.) dies konstruiert, ist nicht zu erkennen, das Stück besteht aus zwölf locker aneinandergefügten Bildern, die nur durch die Identität der darin auftretenden Figuren zusammengehalten werden. Miteinander verbunden sind die Bilder durch Zwischentexte, die bei einer Bühnenaufführung projiziert werden. Sie informieren über Zeitpunkt und Schauplatz des Geschehens, haben aber vor allem die Funktion, die dramatischen Elemente der Spannung und Überraschung aufzuheben, die die Handlung beim Zuschauer erzeugen könnte, und schaffen so die Voraussetzung für distanzierte Wahrnehmung und kritische Verarbeitung.

Eines der wichtigsten Mittel zur Episierung sind die Songs, in denen die Schauspieler aus ihrer Rolle heraustreten und zu den Vorgängen kritisch Stellung nehmen. Besondere Bedeutung hat hier der aus der *Dreigroschenoper* verändert übernommene, vom Koch gesungene Salomon-Song (4,1425 ff.), der ein Thema variiert, das zum erstenmal in der 2. Szene Gegenstand des Gesprächs wird. Die Courage sagt dort zu dem Feldhauptmann, der gerade ihren tapferen Sohn Eilif gelobt hat: »In einem guten Land brauchts keine Tugenden, alle können ganz gewöhnlich sein, mittelgescheit oder meinetwegen Feiglinge« (4,1366). Im Salomon-Song heißt es bestätigend, Weisheit, Kühnheit, Redlichkeit oder Selbstlosigkeit lohnten sich nicht auf dieser für solche Tugenden nicht eingerichteten Welt. »Beneidenswert, wer frei davon!« (4,1425) verkündet immer wieder der Refrain. Reinhard Baumgart (1989) veranlaßt diese Botschaft zu dem sarkastischen Kommentar, der Tod der drei Courage-Kinder habe »das Schlag auf Schlag bewiesen«, und er fügt noch die Bemerkung hinzu: »Nur daß sich eben mit der von allen Tugenden beneidenswert befreiten Courage keine überzeugende Gegenrechnung aufmachen läßt« (263).

Baumgarts Resümee wirkt sehr pointiert, trifft aber wohl
den Kern der Sache. Brecht ist nicht von ungefähr immer
wieder vorgeworfen worden, daß die Uneinsichtigkeit der
Courage der Wirkung des Stückes schade. »Müßte diese
Mutter Courage [...], nachdem sie erkannt hat, daß der
Krieg sich nicht bezahlt macht, nachdem sie nicht bloß ihre
Habe, sondern auch ihre Kinder verlor, [...] am Schluß
nicht eine ganz andere sein wie am Anfang des Stückes?«
wurde er nach der Berliner Aufführung 1949 von dem
Dramatiker Friedrich Wolf gefragt (Mat 6,88 f.). Brecht
antwortete, wenn auch die Courage aus allem, was ihr
zustößt, nichts lerne, so könne das Publikum »dennoch
etwas lernen, sie betrachtend« (ebd., 90). »Dem Stückeschreiber obliegt es nicht, die Courage am Ende sehend zu
machen [...], ihm kommt es darauf an, daß der Zuschauer
sieht« (ebd., 93).
Dieser Rekurs auf die Aufklärungsfunktion ist ganz im
Sinne der episch-dialektischen Theorie formuliert, er beschreibt aber nicht die einzige, nur die wichtigste Basis der
publikumsgerichteten Dramaturgie. Zahlreiche Reaktionen
(vgl. Mat. 6 u. 7) machen die Wirkung des Stücks gerade
auch daran fest, daß Brecht in der theaterpraktischen
Durchführung seines Themas Momente aristotelischer Einfühlungsdramatik durchscheinen läßt. Es ist in der Tat
schwer vorstellbar, der Autor habe den Eindruck nicht beabsichtigt, den das Ende dem Zuschauer vermittelt (vgl.
Melchinger 1974, 208). Die Courage ist eben nicht allein ein
»Objekt der Politik« (4,1443), sondern auch ein Opfer, weil
sie nicht erkennt, »daß man eine große Schere haben muß,
um am Krieg seinen Schnitt zu machen« (ebd.). »So hat sie
doch unser (und des Autors) Mitleid, unsere Empfindungen
ebenso bewegend wie an unser Denken appellierend, diese
Welt zu ändern, die konkret historische, durch die hindurch
die konkret gegenwärtige, nein, unausweichlich kommende,
durchsichtig geworden ist« (Melchinger 1974, 208).

Der gute Mensch von Sezuan. Nach Vorarbeiten und
Entwürfen zu einem Stück *Die Ware Liebe*, die bis ins
Jahr 1927 zurückreichen, und nach einer intensiven Arbeits-
phase im Jahr 1939 hat Brecht das Drama, unter Mitarbeit
von Ruth Berlau und Margarete Steffin, im Januar 1941 fertiggestellt. Die Uraufführung fand am 4. Februar 1943 im
Schauspielhaus Zürich statt, die erste deutsche Aufführung
im November 1952 in den Städtischen Bühnen in Frankfurt a.M. Vom Berliner Ensemble wurde das Stück erst
nach Brechts Tod, im Oktober 1957 herausgebracht.

Der gute Mensch von Sezuan ist das einzige Stück Brechts,
das im Untertitel ausdrücklich als »Parabel« bezeichnet
wird. Damit ist von vornherein der Gleichnischarakter der
Handlung bestimmt und ausgesagt, daß sie keine Wirklichkeit abbildet, sondern diese nur transparent macht und dadurch ihre Gesetzmäßigkeit erkennen läßt (vgl. Müller
1985, 289). Eine Parabel kann, ohne an Substanz zu verlieren, auch zu »märchenhaften Bildern« greifen (Knopf 1982,
19); im *Guten Menschen von Sezuan* ist ein solches »nach
Art eines Bilderbogens« konstruiert (Ueding 1984, 186).
Diese künstlerische Form ist eine der Zeigemethode des
epischen Theaters durchaus angemessene Gestaltung, »unterstützt sie sogar wirkungskräftig« (ebd.). Indem die Figuren außerdem immer wieder aus dem szenischen Bild heraus und vor das Publikum treten, »weisen sie auf eine Büh-
nendarstellung als Illustration, und ihr Kommentar legt ihre
rationale Bedeutung und Nutzanwendung bloß« (ebd.).

Die in den chinesischen Kulturkreis verlegte Handlung
setzt mit einem *Vorspiel* ein: Zu den Himmlischen ist die
Klage gedrungen, so, wie die Welt beschaffen sei, könne auf
ihr kein Mensch gut sein. Um dies nachzuprüfen, werden
drei Götter mit dem Beschluß auf die Erde gesandt: »die
Welt kann bleiben, wie sie ist, wenn genügend gute Menschen gefunden werden, die ein menschenwürdiges Dasein
leben können« (4,1492).

Das Motiv der göttlichen Suche nach guten Menschen ist

aus dem ersten Buch Mose der hebräischen Bibel bekannt,
wird hier allerdings in der Umkehrung verwendet (vgl.
Müller 1985, 286). Während dort die Städte Sodom und
Gomorrha als Strafe für ihr sündiges Verhalten untergehen,
weil sich in ihnen nicht wenigstens zehn Gerechte gefunden
haben, suchen Brechts Götter nur nach einer Legitimation
für das Bestehende. Ihnen genügt bereits einer, der ihre Gebote einhält, um am Zustand der Welt nichts zu verändern.
Diese »Götter sind schwach, sie sind nicht mehr als Projektionen der herrschenden Zustände, die sie bewahrt sehen
möchten« (Rischbieter 1970 [b], 39), darum auch, wie sich
am Ende zeigen wird, völlig überflüssig, entbehrliche »Ver-
treter einer unwirksamen Ethik, die nicht darauf sieht, daß
die Verhältnisse so sind, daß die Menschen freundlicher zueinander sein können« (ebd.).
Als die drei Götter nach langer vergeblicher Suche nach
dem einen guten Menschen sich schon das Scheitern ihrer
Mission eingestehen wollen, kommen sie nach Sezuan, wo
sie vom Wasserverkäufer Wang erwartet werden. Er möchte
ihnen für die Nacht ein Obdach vermitteln, wird aber überall abgewiesen. Einzig das Freudenmädchen Shen Te ist
schließlich bereit, die Götter bei sich aufzunehmen. Diese
sind froh, weil sie meinen, endlich einen guten Menschen
gefunden zu haben, und als Shen Te ihnen gesteht, daß sie
sich verkaufe, »um leben zu können« (4,1497), geben sie ihr
»über tausend Silberdollar« (4,1499), damit sie sich eine
Existenz gründen kann, die es ihr ermöglicht, fortan ein guter Mensch zu sein.
Mit dem Geld der Götter kann Shen Te auf die Prostitution
verzichten und sich den Traum erfüllen, einen kleinen
Tabakladen zu kaufen; auch hofft sie, »jetzt viel Gutes tun
zu können« (4,1499). Doch weil statt der erwarteten Kun-
den nur Gläubiger, Schmarotzer und Bettler kommen, wird
ihre Absicht gerade von denjenigen vereitelt, denen sie helfen will. Von Frau Shin, der ehemaligen Besitzerin des Ta-
bakladens, wurde sie schon beim Kauf betrogen, nun er-

scheint diese noch, um sich den Reis für ihre Familie zu erbetteln. Nach ihr macht sich die achtköpfige Familie ihrer ehemaligen Wirtsleute in dem kleinen Geschäft breit, und als der Schreiner die Stellagen bezahlt haben möchte, die er noch der Shin lieferte, ist Shen Te das Geld bereits ausgegangen.

Um sich vor dem Ruin zu retten, erfindet sie auf Anraten ihrer alten Wirtsleute den geschäftstüchtigen und durchsetzungsfähigen Vetter Shui Ta und vertreibt, dessen Unterstützung ankündigend, alle, die sie mit Bitten und Forderungen bedrängen, unnachsichtig aus dem Laden. Aber Shen Te kann es nicht lassen, gut zu sein, und bald hat sie das ganze Gesindel wieder am Hals. Zudem verliebt sie sich in den stellungslosen, mit Selbstmordgedanken spielenden Flieger Sun. Die Begegnung der beiden ist als »eine der merkwürdigsten, eindrucksvollsten Liebesszenen der Weltliteratur« (Rischbieter 1970 [b], 37) bezeichnet worden: »der Strick des potentiellen Selbstmörders fesselt Shen Te, ihr spontanes Mitleid ist die Vorform der Liebe, sein Versuch, sie wegzuscheuchen, indem er sie häßlich nennt, lockt die lange verschüttete weibliche Eitelkeit, im Keim schon die neue Lust am Körper aus ihr hervor. Der Regen, der fällt, treibt sie zusammen, die Natur schüttet ihren Fruchtbarkeit fördernden Überfluß aus« (ebd.). Die harten Gesetze der Wirklichkeit, in der die Liebe gleichermaßen zur Ware geworden ist wie das Wasser, werden außer Kraft gesetzt. Aber nur kurz und auch nur ein einziges Mal; denn schon zeichnen sich neue Schwierigkeiten für Shen Te ab. Das Darlehen, das ihr die alten Teppichhändler nebenan gewähren – und mit dem sie sich ruinieren –, hilft nur kurzfristig. Shen Te braucht weiteres Geld, insbesondere um dem Wasserträger Wang, dem der reiche brutale Barbier Shu Fu die Hand zerschlug, vor Gericht beistehen zu können.

So mehren sich die Beispiele, an denen zu sehen ist, daß ein Mensch in einer schlechten Welt nicht gut sein kann. Selbst die Liebe erweist sich letztlich als »schöne[r] äußere[r]

Schein eines Ausnutzungsverhältnisses«, »in dem wiederum
das Gute dem Bösen Platz machen muß, will es überleben«
(Ueding 1984, 184). Die Shen Te versprochene Heirat mit
Sun kommt nicht zustande, weil der nur einzuwilligen bereit ist, wenn Shui Ta erscheint und jene dreihundert Silberdollar bringt, die er braucht, um eine Stellung als Flugzeug-
führer zu bekommen. Die in einer dunklen Vorstadtspe-
lunke versammelten Hochzeitsgäste verfolgen, »die einen
stumpf, die anderen lüstern« (Rischbieter 1970 [b], 42) das
eintretende »Desaster« (Ueding 1984, 184). Der Vetter Shui
Ta kann natürlich nicht erscheinen, die Spaltung der Person
wendet sich in dieser Situation gegen die, die sie benutzt
(Rischbieter, 1970 [b], 42).

Nun aber sieht der verliebte Barbier Shu Fu seine Chance
gekommen, Shen Te heiraten zu können. Er bietet ihr als
Preis einen Blankoscheck und stellt ihr leerstehende Barak-
ken zur Verfügung, damit sie dort eine Tabakfabrik einrich-
ten kann, freilich mit dem Hintergedanken, sie würde in der
Funktion eines »Engel[s] der Vorstädte« (4,1547) als »ma-
kellose[s] Aushängeschild seiner Unternehmungen« (Ueding 1984, 182) wirken. Der Zukunft des Kindes wegen, das
sie mittlerweile erwartet, willigt Shen Te in den Handel ein.
Dieses Kind, das einmal Flieger werden soll, der Sohn, den
sie vor »dem Mangel retten« will (4,1604), zwingt Shen Te
auch stärker als alles andere, den bösen, aber erfolgreichen
Vetter mehr und mehr als ihr zweites Ich zuzulassen.

Die Fabrik entwickelt sich zu einem florierenden Unterneh-
men, nicht zuletzt dank der rücksichtslosen Ausbeutungs-
methoden Suns, der vom Arbeiter über einen Aufseherpo-
sten bis zum Prokuristen avanciert ist. Shen Te selbst läßt
sich immer seltener blicken und bleibt schließlich ganz ver-
schwunden, so daß das Gerücht umgeht, Shui Ta habe sie
beseitigt, um sich in den Besitz der Fabrik zu setzen. Er
wird des Mordes beschuldigt und vor Gericht gestellt. Die
Verhandlung wird von den drei Göttern geführt, die sich als
Richter eingeschlichen haben. Alle armen Leute der Stadt

belasten Shui Ta, bis er, in die Enge getrieben, bekennt, daß er und Shen Te ein und dieselbe Person sind. Er reißt sich die Maske vom Gesicht und steht nun als Shen Te da, die den Göttern vorwirft: »Euer einstiger Befehl / Gut zu sein und doch zu leben / Zerriß mich wie ein Blitz in zwei Hälften« (4,1603). Die Götter sind ratlos. Dem Eingeständnis, daß man die Welt ändern müsse, um in ihr leben zu können, entziehen sie sich, indem sie auf einer »rosa Wolke« (4,1605) entschweben; Shen Te bleibt »verzweifelt« (4,1606) zurück.

»Gut sein und doch zu leben«, auf diese »schlichteste Formel« (Baumgart 1989, 264) bringt Shen Te ihr Problem und damit das des Stücks. Spätestens an dessen Schluß wird klar, daß das Geldgeschenk der Götter, das Shen Te eine neue Lebensmöglichkeit jenseits der Prostitution eröffnen sollte, ironischerweise der Auslöser einer Entwicklung war, die zwangsläufig die Erfindung Shui Tas erforderlich machte. Die gute Shen Te muß sich die Maske des bösen, kapitalistisch-ausbeuterischen Shui Ta überziehen, weil sie sich nur so ihr Überleben sichern kann (vgl. Ueding 1984, 184). Allerdings leidet sie unter diesem Zwang zur Selbstbehauptung und läßt es darum nicht zur völligen Verwandlung kommen. Doch obgleich sie immer wieder in ihre wahre Gestalt zurückfindet, nötigen sie die Verhältnisse, immer länger der Vetter Shui Ta und immer weniger sie selbst zu sein (vgl. Müller 1985, 288).

In der Gerichtsverhandlung hält Shen Te den Göttern entgegen: »Etwas muß falsch sein an eurer Welt. Warum / Ist auf die Bosheit ein Preis gesetzt und warum erwarten die Guten / So harte Strafen?« (4,1603). Sie erhält keine Antwort auf ihre Frage, und weil die Götter sich davonmachen, fallen sie auch »als Adressaten der Anklage und Verurteilung« aus (Ueding 1984, 181). Wenn sie sich derart der Verantwortung für ihr mißglücktes Experiment entziehen, wenn sie sich nicht eingestehen wollen, daß ihre Gebote »tödlich« sind (4,1605) und die Kräfte des Menschen übersteigen, bestätigt das nur die von Anfang an vermutbare Tendenz, daß ihnen in diesem Stück die Existenzberechtigung abgesprochen werden soll. Haben sie sich an Shen Te gehalten, weil sie zu ihrer eigenen Legitimierung darauf angewiesen waren, daß wenigstens der Schein der Humanität gewahrt blieb, wird mit der Demaskierung Shui Tas ihnen selbst und denen, die (noch) an sie glauben, demonstriert, daß nicht einmal mehr dieser Schein aufrechterhalten werden kann. So gilt als bewiesen, daß sie ihre Rolle ausgespielt haben. Der Epilog stellt zwar noch die rhetorische Frage, ob möglicherweise von »anderen Göttern« eine Lösung der Probleme zu erwarten sei, das Stück läßt aber keinen Zweifel daran, daß eine Veränderung der kritisierten Verhältnisse nicht von Göttern, sondern allein von den Menschen ausgehen kann.

Folgerichtig enthält der Epilog noch die – ebenfalls rhetorische – Frage: »Soll es ein andrer Mensch sein? Oder eine andre Welt?« (4,1607). Die Antwort kann nur heißen: Natürlich eine andere Welt, eine gute, eine humane. »Das war«, wie Reinhart Baumgart (1989) einsichtig darlegt, »bei dieser Spielanordnung und mit dieser Protagonistin so sehr vorauszusehen, daß schon der Prolog hätte bündig enden können mit: Den Vorhang auf und keine Frage offen« (266). Tatsächlich aber gipfelt der Epilog in der berühmten Sentenz: »Den Vorhang zu und alle Fragen offen!« (4,1607). Der an die Rampe vorgetretene Schauspieler fordert das Publikum auf, selbst nach einem Schluß zu suchen: »Es muß ein guter da sein, muß, muß muß!« (4,1607). Walter Hinck (1984) hat diesen Schluß als gewichtiges Indiz für die »offene Dramaturgie des späten Brecht« gewertet, die die prinzipielle Fortsetzbarkeit der Handlung gewährleistet (87). Der Form nach trifft dies zu, aber nicht dem Inhalt nach. Nur scheinbar wird hier, anders als Jan Knopf (1980) dies deutet, der »Fall dem Zuschauer im Theater« übereignet (205); der gute Schluß ist dem Stück so immanent, daß er gar nicht mehr ausgesprochen werden braucht: es ist die bessere, die freundlichere Welt, die der Kommunismus bereithält.

Die Botschaft des Stücks hat Brecht Shen Te in den Mund gelegt: »Es gibt noch freundliche Menschen, trotz des großen Elends« (4,1525). Daß Freundlichkeit, Güte der Natur des Menschen entspricht, ihm angeboren ist, gilt Brecht als unumstößliche anthropologische Wahrheit (Baumgart 1989, 264). Allerdings zeigt das Stück auch dies: daß sich die natürliche Mitgift »in unnatürlichen Verhältnissen als unendlich korrumpierbar, als unbrauchbar, ja lebensgefährlich« erweist (ebd.). Ein »simples, doch nicht hoffnungsloses Paradox« nennt Baumgart diesen Antagonismus: »der Mensch scheint unveränderlich gut, doch unendlich korrumpierbar, die Welt dagegen zwar unmenschlich schlecht, doch utopisch perfektionierbar« (ebd.).

So gesehen ist die Parabel vom *Guten Menschen von Sezuan* kein auf eine einfache Gleichung zu bringendes Exempel, wie es die strukturbildende Gut–böse-Relation nahelegen könnte. Nicht von ungefähr hat Brecht selbst darüber gegrübelt, wie »der eindruck der milchmädchenrechnung vermieden werden« könne (AJ 52), das heißt die Gefahr der »Unverbindlichkeit und zugleich der Simplifikation« (Müller 1985, 285). Es spricht also einiges dafür, den Rang dieses Stückes nicht in der »großen ästhetischen Perfektion« (ebd.), sondern in Widersprüchlichkeiten und »Ungereimtheiten« (Ueding 1984, 193) aufzusuchen.

Der kaukasische Kreidekreis. Für die Entstehungsgeschichte dieses Stücks hat Jan Knopf (1980, 254 ff.) »vier Abschnitte« nachgewiesen, die von 1938 bis zur Veröffentlichung 1954 in den *Versuchen* reichen. Den aus dem Chinesischen stammenden Stoff der Kreidekreisgeschichte dürfte Brecht durch die Nachdichtung Klabunds kennengelernt haben. Bereits im dänischen Exil wollte er einen *Odenseer Kreidekreis* schreiben. 1940 gestaltete er das Thema novelli-

stisch in der Geschichte vom *Augsburger Kreidekreis*
(vgl. S. 138–142). Das Stück war ursprünglich für eine Aufführung in den USA bestimmt, es wurde dort am 4. Mai
1948 auch uraufgeführt, bevor es vom Berliner Ensemble
am 7. Oktober 1954 im Theater am Schiffbauerdamm, in
Brechts eigener Inszenierung, erstmals in Deutschland
gespielt wurde.
Begonnen hat Brecht die Arbeit an diesem Stück mit der
Konzeption eines *Vorspiels* (vgl. B 719), das vom Streit
zweier sowjetischer Kolchosen um ein Tal im Kaukasus am
Ende des Zweiten Weltkriegs handelt. Die einen, Ziegen-
züchter, die vorher dort gelebt hatten, mußten vor den
deutschen Truppen fliehen; die anderen, Obstbauern, hatten
das Tal verteidigt und möchten es jetzt, um es intensiv
nutzen zu können, in ein großes Bewässerungsprojekt ein-
beziehen. Nachdem man sich vernünftigerweise wegen der
größeren Produktivität zugunsten der Obstbauern geeinigt
hat, lassen die streitenden Parteien das Spiel vom Kreidekreis vorführen.
Das Vorspiel bekommt durch diese Konstruktion die Funktion eines Rahmens, und folgerichtig hatte das Stück zunächst auch ein Nachspiel erhalten. Das Nachspiel hat
Brecht später jedoch gestrichen, um nicht den Eindruck zu
erwecken, als werde die Kreidekreisgeschichte nur erzählt,
um den Streit der Kolchosen zu schlichten. Noch vor der
Erstaufführung hat er außerdem das Vorspiel unter dem
Titel *Der Streit um das Tal* (5,2001) als ersten Akt in das
Stück integriert, um damit jeden Zweifel auszuräumen, daß
die Fabel nicht »zur Klärung des Streitfalls wegen des Besit-
zes des Tals erzählt« werde (17,1205). In den *Anmerkungen*
notierte er, die Fabel sei »als eine wirkliche Erzählung« gemeint, »die in sich selbst nichts beweist, lediglich eine bestimmte Art von Weisheit zeigt, eine Haltung, die für den
aktuellen Streitfall beispielhaft sein« könne (17,1205); so gesehen sei dann »das Vorspiel als ein Hintergrund erkennbar,
der der Praktikablilität dieser Weisheit sowie auch ihrer
Entstehung einen historischen Platz« anweise (ebd.).

Das Stück selbst erzählt »eigentlich zwei Geschichten« (5,2007). Die eine, von der die Akte zwei bis vier handeln, ist die der Magd Grusche, die andere, in Akt fünf, die des Richters Azdak. Akt sechs erst führt die beiden Geschichten des »Doppel-Dramas« (Rischbieter 1970 [b], 51) in der Kreidekreisprobe zusammen und bringt die Geschichte Grusches und des Kindes durch Azdaks Richterspruch zu Ende. Die fünf Akte des Kreidekreis-Spiels »sind in einem direkten Sinne des Wortes episch« (ebd.): ein »Sänger«, der gleichermaßen die Rolle des Spielleiters wie eines Mitwirkenden wahrnimmt (vgl. Hinck 1959, 47), »leitet sie ein, treibt sie durch Überleitungen voran, übernimmt auch die Reflexionen und Verallgemeinerungen« (Rischbieter 1970 [b], 51).

Die Geschichte der Grusche beginnt an einem Ostersonntag während eines Aufstands gegen die Herrschaft des Großfürsten und seiner Gouverneure. Auch die Stadt Nukha im Kaukasus wird von der Rebellion erfaßt, ihr Gouverneur hingerichtet. Seine Frau flieht und vergißt dabei, über der Sorge um ihre Kleider und Schuhe, ihr Kind. Das Küchenmädchen Grusche Vachnadze, das sich gerade mit dem Soldaten Simon verlobt hat, ehe der mit der Eskorte der Gouverneursfrau davonreitet, findet den Säugling und nimmt sich seiner an, nachdem sie die Nacht über bei ihm gesessen hat, »zu lange« (5,2025), um noch ohne ihn weggehen zu können.

»Die Flucht in die nördlichen Gebirge« (5,2026), wo ihr Bruder wohnt, ist lang und anstrengend, vor allem auch gefährlich, weil sie in dem Kind den Erben der Unterdrücker gerettet hat. Ihr Versuch, das Kind in einem Bauernhof auszusetzen, wo es genug Milch und ein Dach über dem Kopf hätte, scheitert; sie muß einen Panzerreiter niederschlagen, der hinter dem Knaben her ist, und flieht mit dem Kind. Nur ihr wagemutiger Weg über den Gletschersteg rettet sie vor den Verfolgern. Beim Bruder wird sie nur ungern aufgenommen, der Hof gehört seiner Frau, die geizig und bigott ist. Als der Winter vorbei ist, muß sie gehen. Obwohl sie noch auf Simon wartet, heiratet sie einen angeblich todkranken Bauern, um einen Vater für ihr Kind zu haben. Doch als der Krieg zu Ende ist, wird der Bauer schnell wieder gesund; er hatte sich nur krank gestellt, um dem Kriegsdienst zu entgehen. Grusches Verlobter Simon kehrt wieder zurück, ebenso die Frau des Gouverneurs, die jetzt ihr Kind sucht, an das die Erbschaft ihres Mannes gebunden ist. Der Fall kommt in Grusinien vor Gericht.

»Schrecklich ist die Verführung zur Güte!« (5,2025) kommentiert der Sänger, als die Grusche sich in der Nacht des Aufstands entscheidet, das Kind an sich zu nehmen. Ihr Weg demonstriert in der Tat, daß die wahre Humanität teuer erkauft werden muß (vgl. Buck 1984, 208). Brecht selbst erläutert: »Je mehr die Grusche das Leben des Kindes fördert, desto mehr bedroht sie ihr eigenes; ihre Produktivität wirkt in der Richtung ihrer eigenen Destruktion. Dies ist so unter den Bedingungen des Krieges, des bestehenden Rechts, ihrer Vereinsamung und Armut. Rechtlich ist die Retterin eine Diebin« (Mat 8,23).

Um den Widerspruch in der Figur der Grusche produktiv auflösen zu können, brauchte Brecht den »guten, schlechten Richter« (5,2083) Azdak. Seine Geschichte, »wie er Richter wurde, wie er Urteil sprach, was er für ein Richter ist« (5,2065) beginnt wieder »an jenem Ostersonntag des großen Aufstands, als der Großfürst gestürzt wurde / Und sein Gouverneur Abaschwili, Vater unseres Kindes den Kopf einbüßte« (ebd.). Der arme Dorfschreiber Azdak hat einen Flüchtling bei sich aufgenommen und verborgen, später erkennt er, daß es der gestürzte Großfürst ist. Er will sich selbst bei Gericht anzeigen, wird aber von den Panzerreitern zum Richter ernannt: »Immer war der Richter ein Lump, so soll jetzt ein Lump der Richter sein« (5,2078). Azdak rechtfertigt dieses »ironische Vertrauen« (Müller 1985, 296). Er ist ein guter Richter gerade dadurch, daß er ein schlechter Richter ist. Er bricht die Gesetze »wie ein

Brot, daß es sie letze / [...] Und die Niedren und Gemeinen hatten endlich endlich einen / Den die leere Hand bestochen, den Azdak« (5,2086). Ehe es den Großbauern gelingt, ihn an den Galgen zu bringen, weil er von ihnen nimmt, was er den Armen austeilt, trifft ein Brief des von ihm geretteten Großfürsten ein, der ihn förmlich ins Richteramt einsetzt. Als solcher entscheidet er nun über das Kind des Gouverneurs.

Die Figur des Richters Azdak ist vielschichtig und nicht weniger widersprüchlich wie die der Grusche und zieht darum verständlicherweise auch widersprüchliche Deutungen nach sich (vgl. Mat 8 u. 9). Brecht schrieb während der Arbeit am Stück, es müsse der »niedrigste, verkommenste aller Richter sein« (AJ 650), später bezeichnete er ihn wieder als »einen völlig lauteren Mann« (17,1206). Er praktiziert jedenfalls ein Recht gegen das Gesetz, weil es die einzige Möglichkeit ist, Recht zu sprechen, wenn das Gesetz selbst ungerecht ist (vgl. Müller 1985, 296). Das Prinzip seiner Rechtsprechung hat Elisabeth Hauptmann (Mat 9,156) so charakterisiert: »Damit sich die Armen und Unterdrückten den ungerechten Gesetzen der Unterdrücker nicht beugen müssen, beugt er die ungerechten Gesetze. So gleicht der Armeleuterichter Azdak in keiner Weise den korrekten Austeilern des Unrechts in der bürgerlichen Gesellschaft; er ist eher ein unkorrekter Austeiler des Rechts.«

Vom Standpunkt der Niedrigen aus geht Azdak auch an den Rechtsstreit um den Sohn des Gouverneurs heran; er löst ihn mit der Kreidekreisprobe. Das Kind wird in einen Kreis gestellt und diejenige Frau, die es zu sich ziehen kann, soll die Mutter sein. Grusche läßt den Jungen zweimal los, um ihn nicht zu zerreißen. Daraufhin spricht Azdak ihr das Kind zu und scheidet sie von ihrem Mann, dem Bauern. Sie kann das Kind behalten und Simon heiraten. Azdak aber verschwindet aus der Stadt, wo man noch lange seiner Richterzeit gedenkt »als einer kurzen / Goldenen Zeit beinah der Gerechtigkeit« (5,2105).

Im *Augsburger Kreidekreis* hat Richter Dollinger sein Vor-
gehen in der Gerichtsverhandlung mit dem Argument gerechtfertigt, »der einfache Grundgedanke der Probe mit
dem Kreidekreis« sei, »daß die rechte Mutter an ihrer Liebe
zum Kind erkannt« werde (11,335). Also müsse »die Stärke
dieser Liebe erprobt werden« (ebd.). Nicht anders verhält
sich auch Richter Azdak. Den Anspruch auf das Kind, den
die Gouverneurin einklagt, weist er zurück, weil nicht die
leibliche Mutter das Kind haben soll, sondern diejenige, die
besser ist für das Kind, die seinem Anspruch auf eine richtige Mutter genügt (vgl. Badura 1972; Müller 1985, 297).
Mutter soll sein, wer mehr Menschlichkeit im Interesse des
Kindes aufgebracht hat und aufzubringen bereit ist. »Die
Kinder den Mütterlichen, damit sie gedeihen« (5,2105), so
formuliert der Sänger die gültige Richtlinie. Die Grusche erfüllt dieses Kriterium, der Anspruch der leiblichen Mutter
hat, an diesem Maßstab gemessen, keine Chance.
Mit seinem letzten Urteilsspruch überführt der Armeleute-
richter Azdak die Güter der Gouverneursfamilie an die
Stadt, »damit ein Garten für die Kinder draus gemacht
wird, sie brauchen ihn, und ich bestimm, daß er nach mir
›Der Garten des Azdak‹ heißt« (5,2104). Derlei verstand
Brecht, wie Theo Buck (1984, 204) bemerkt, als »Praktika-
bilität« von »Weisheit« (17,1205). »Mit der sozialgerichteten
Metapher« demonstriert er dem Zuschauer »die sozialistische Variante« des salomonischen Urteils: »›Der Garten des
Azdak‹ als soziale Forderung und Herausforderung« (Buck
1984, 204). Die Frage ist allerdings, ob sich diesem der Sinn
des Garten-Bildes »mit Notwendigkeit« erschließt (ebd.)
oder ob die intendierte Haltung des Zuschauers nicht »das
am stärksten utopische Moment des Stücks« ist (Müller 1985,
298). Welche Antwort auch gegeben wird, in jedem Fall vermag sie die Einschätzung zu bestätigen, daß das Spiel vom
Kaukasischen Kreidekreis ein »poetologisches Resümee der
politischen Ästhetik Brechts« (Buck 1984, 204) gibt: »literarische Utopie als soziale Utopie« (ebd., 201).

2. Lyrik

> Nach der Lektüre eines Gedichtbandes
> sagte Herr K.: »Die Kandidaten für öffent-
> liche Ämter durften in Rom, wenn sie auf
> dem Forum auftraten, keine Gewänder mit
> Taschen tragen, damit sie keine Beste-
> chungsgelder nehmen konnten. So sollten
> die Lyriker keine Ärmel tragen, damit sie
> keine Verse aus ihnen schütteln können.«
>
> *Herr K. und die Lyrik* (12,397)

2.1. Bertolt Brechts Hauspostille

Brecht begann früh, schon als Schüler, Gedichte zu schreiben. Ein Teil seiner Lyrik aus der Augsburger und Münchner Zeit ist in die *Hauspostille*, seine »erste lyrische publika-
tion« (AJ 28), eingegangen, sie ist ein »repräsentativer
Querschnitt« durch sein lyrisches Frühwerk (Müller 1985,
74). Die Anordnung und Auswahl der Gedichte für diese
Sammlung hat sich mehrmals geändert. Fünf Phasen der
Entstehungsgeschichte zwischen den Jahren 1921 und 1956
arbeitet Jan Knopf (1984, 28 ff.) heraus, darunter zählt er
auch die 1926 erschienene *Taschenpostille*, einen unverkäuf-
lichen Privatdruck in fünfundzwanzig Exemplaren. Eine
gewisse historische Verbindlichkeit (Marsch 1974, 115)
kann die Auswahl der Gedichte beanspruchen, die Brecht
für die erste Buchausgabe von 1927 im Berliner Propyläen-
Verlag getroffen hat, wenn auch die *Taschenpostille* in Format und Aufmachung, einem »Sakralbuch« ähnelnd (Wagenknecht 1973, 21), »näher an Brechts Vorstellungen«
(Knopf 1984, 30) vom angezielten Gebrauch herankommen
mag. Diese Sammlung enthält auch »Gesangsnoten« zu den
Texten, weil Brecht die meisten seiner bis dahin geschriebenen Gedichte als Lieder verstanden hat; viele hat er nach-
weislich selbst zur Klampfe gesungen (vgl. AJ 18).

Der Inhalt der *Hauspostille* steht im gewollten Gegensatz
zu ihrem Titel. Dieser schließt an eine Tradition von Pre-
digt- und Andachtsbüchern an, die seit Martin Luthers *Kir-
chen- und Hauspostille* (1527) der religiösen Unterweisung
und Erbauung ihrer Leser dienten. Das »Wort« der *Hauspostille* kommt aber »nicht vom Sinai noch von den Evange-
lien« (Benjamin 1971, 65). Brecht übernimmt von der
christlichen Erbauungsliteratur nur die Formen – beispielsweise Bittgesang, Psalm, Choral, Legende –, füllt diese aber
kontrafaktisch und parodistisch mit nihilistischen (vgl.
Pietzcker 1974), betont antichristlichen (vgl. Schuhmann
1971, 168) Inhalten und hebt damit »die vorgesteuerte Le-
seerwartung auf schockierende Weise auf« (Marsch 1974,
114 f.). Gefühlige Lyrik, die »sinnlos hineingefressen werden« kann (8,169), ist hier nicht zu erwarten. Die fünf
»Lektionen« dieses Gedichtbuches, deren richtigen Gebrauch die vorangestellte »Anleitung« zu sichern beabsichtigt, wollen nicht erbauen, sondern im Alltagshandeln des
Lesers etwas bezwecken. »Laßt euch nicht verführen«, heißt
es programmatisch im Gedicht *Gegen Verführung* (8,260),
das als Schlußkapitel fungiert. Es warnt vor dem christlichen Glauben, der ein großer Schwindel sei, weil er die
Gläubigen um ihre diesseitige Existenz, um ihr Leben be-
trüge (vgl. Müller 1985, 76), und beschwört an seiner Stelle
den uneingeschränkten Daseinsgenuß. Es gibt keine Transzendenz, »es kommt nichts nachher«, heißt es in der
Schlußzeile; »das ist die Sachlichkeit, die Brecht in der
Hauspostille predigt, so daß das Schlußkapitel tatsächlich
die Summe der Einzelaussagen des Zyklus enthält« (Müller,
ebd.). Nicht von ungefähr gibt der Autor die Empfehlung,
der Leser solle »jede Lektüre in der *Hauspostille*« mit diesem Text »beschließen« (8,171).

Erinnerung an die Marie A. Das Gedicht steht in der dritten Lektion der *Hauspostille* (8,232), in den *Chroniken*, die es mit so unterschiedlichen Texten wie *Von des Cortez Leuten*, der *Ballade von der Freundschaft* oder der *Ballade vom Weib und den Soldaten* in einem Kapitel versammeln. Der Titel des Gedichtes läßt die Gestaltung einer zwar vergangenen, in der Erinnerung des Mannes aber lebendigen Beziehung zu einer Frau erwarten. Sein Inhalt steht dazu jedoch in augenfälliger Diskrepanz. Derjenige, der hier spricht, hat gar keine Erinnerung mehr an das Mädchen. Ihr Gesicht, in dem sich wie bei jedem Menschen ihre Persönlichkeit ausdrückt, hat sich ihm nicht eingeprägt, er weiß es »wirklich nimmer« (Z 15), es ist sogar fraglich, ob er es je wahrgenommen hat, selbst in dem Liebeserlebnis, von dem die erste Strophe spricht. Über ihnen war damals eine Wolke, die er »lange sah« (Z 6), sie ist das einzige, an das er sich auch nach Jahren noch erinnern kann, selbst den »Kuß« hätte er »längst vergessen« (Z 17), »Wenn nicht die Wolke da gewesen wär« (Z 18). Von der Wolke, nicht von dem Mädchen, sagt er: »Die weiß ich noch und werd ich immer wissen« (Z 19).

Wegen ihrer Flüchtigkeit ist die Wolke in der Lyrik ein gern gewähltes Bild für Vergessen und versagende Erinnerung. Auch in *Erinnerung an die Marie A.* ist die Wolke am Himmel, die der Sprecher »über uns im schönen Sommerhimmel [...] lange sah« (Z 5 f.), nicht von Dauer. »Und als ich aufsah, war sie nimmer da«, heißt es am Ende der ersten Strophe (Z 8). Die verschwundene Wolke deutet auf die verschwindende Erinnerung an das Mädchen voraus, von der im folgenden gesprochen wird.

Aufgrund solcher Bildverweise fällt es schwer, Interpretationen wie jene von Albrecht Schöne (1970) nachzuvollziehen, in der gerade die Wolke, »dieses Sinnbild der Flüchtigkeit« (494), zum Zeichen des »eigentlich Dauernde[n] und Gegenwärtige[n]« erklärt wird (ebd.), das hervorgebracht werde »durch die Kühnheit der Sprache, die Kraft des

Rhythmus, den Zauber des Klanges und die Steigerung der Bildwiederholung« (ebd.). Allerdings stützt diese Deutung sich ausschließlich auf »die Wolkenbilder der Flügelstrophen« (ebd., 490), um dem flüchtigen Augenblick des Liebeserlebnisses jene Dauer zusprechen zu können, deren Abglanz sie »in der geformten Beständigkeit des Kunstwerks« (ebd., 494) wiederfindet. Ihr muß darum das »Mittelstück« der zweiten Strophe entgegengehalten werden, von dem Albrecht Schöne nur abwertend zu sagen weiß, sie sinke gegenüber den anderen »liedhaft[en], zeichenhaft[en], bedeutungsträchtig[en]« Versen ab »ins Gespräch« (ebd.) und verfalle »dem Prosaischen« (ebd.).

Zweifelsohne ist die mittlere Strophe dialogisch, sie markiert sogar, »damit den zunächst ›sentimentalen‹ Ausdruck der ersten Strophe völlig zerstörend«, »das gesamte Gedicht als Dialog« (Knopf 1984, 35). Rückblickend berichtet der Sprecher in der ersten Strophe seinem Gesprächspartner von »jenem Tag im blauen Mond September« (Z 1), da er »die stille bleiche Liebe« (Z 2) wie »einen holden Traum« (Z 4) in seinem Arm hielt, bevor er in der zweiten Strophe in die Gegenwart überleitet: »Seit jenem Tag sind viele, viele Monde / Geschwommen still hinunter und vorbei« (Z 9 f.), auch jenen Pflaumenbaum, unter dem sie lagen, gibt es nicht mehr (Z 11). Seither hat er nicht nur das Gesicht des Mädchens vergessen, er fügt verstärkend hinzu: »Und fragst du mich, was mit der Liebe sei? / So sag ich dir: ich kann mich nicht erinnern« (Z 12 f.). »Gerade diese Passage wiederholt das Titelstichwort ›Erinnerung‹ und negiert es: es gibt gar keine Erinnerung [... an] die damals geliebte Person« (Knopf 1984, 35). Auch die dritte Strophe ändert nichts an diesem Befund, sie widerlegt nichts von dem zuvor Gesagten, auch nicht »indirekt« (Reich-Ranicki 1978, 185). Die sich verflüchtigende Wolke läßt sich schwerlich – bei diesem frühen Text auch nicht unter Berufung auf dialektische Schreibweise – umdeuten in ein Symbol dafür, daß dem lyrischen Ich »das Septembererlebnis [...] nie mehr

Marie Rose Aman

aus dem Sinn kommen« werde (ebd., 186). Dieses Gedicht
handelt »eher von der Vergänglichkeit als von der Liebe,
eher von der Wolke hoch oben am Himmel als von dem
Mädchen unten am ›Pflaumenbaum‹« (Mennemeier 1982,
62).
Die Marie A., die im Titel benannt ist, hat zahlreiche Interpreten nach dem »biographischen Anlaß« (Marsch 1974, 12)
des Gedichtes fragen lassen. Die Vermutung, »die Geliebte«
dieses Gedichtes habe »dem lyrischen Ich einst nahe« gestanden (Schuhmann 1971, 109), scheint plausibel. Auf diese
Weise rückt Brechts Augsburger Freundin Rosa Marie
Aman ins Bild, um die er fünf Jahre lang erfolglos gewor-
ben hat. Das Gedicht ließe sich dann als Abgesang auf diese
Jugendliebe lesen, vielleicht gar als »selbsttherapeutische
Maßnahme [...], aus der aussichtslosen Beziehung [...]
endlich herauszufinden« (Kebir 1987, 36). Für diese Deutung könnte sprechen, daß Brecht die Erstfassung des Gedichts am 21. Februar 1920 im Zug in sein Notizbuch geschrieben hat, als er zum ersten Mal nach Berlin fuhr, um
sich dort neu zu orientieren.
Die Interpretation Sabine Kebirs, die die private, autobiographische Dimension sehr betont, übersieht allerdings, daß
das »Ich« in diesem Gedicht nicht unmittelbar mit der Person des Dichters gleichzusetzen ist, hier vielmehr ein Rol-
lenspiel abläuft. Das sprechende »Ich« agiert in der Rolle eines Mannes, der zumindest in »reifen« Jahren ist und »ele-
gisch« zurückblickt (vgl. Knopf 1984, 35). Dadurch schafft
der Autor zu den »erinnerten« Vorgängen eine Distanz, die
ihm jenen subjektiven Selbstausdruck verwehrt, durch den
die »bürgerliche« Liebeslyrik der Zeit bestimmt war. Hinweise auf den Kontext im Notizbuch (vgl. Knopf, ebd.) und
die späteren Titel- und Textänderungen – die frühe Fassung
war mit *Sentimentales Lied Nr. 1004* überschrieben (vgl.
Hecht 1978, 38 f.) – rücken das Gedicht außerdem in die
Nähe der Don Juan-Thematik, wo »der große Liebende in
Wahrheit Narziß« ist (Knopf 1984, 36). Zur sexuellen Be-

friedigung ist ihm jede Frau willkommen; »sie hat schon in der Aktualität kein Gesicht« (ebd.). Thema und »Ausdruck« des Gedichts ist also der flüchtige Selbstgenuß (vgl. ebd.), dem gegenüber eine reine, auf Dauer gründende Liebe zynisch als bürgerliche Sentimentalität abgetan wird.

Vom armen B. B.   Der Titel und die Selbstnennung »Ich, Bertolt Brecht« am Beginn des Gedichts, die der Anfangsformel eines Lebenslaufs entspricht, scheinen dem Leser ein »autobiographisches Gedicht« (Marsch 1974, 143) anzukündigen. Ein biographischer Hintergrund ist auch zweifelsohne gegeben, es ist wohl auch kein Zufall, daß das Gedicht, wie zuvor schon die *Erinnerung an die Marie A.*, im Zug zwischen München und Berlin entstanden ist; jenes im Februar 1920 auf der Fahrt nach Berlin, dieses am 26. April 1922 auf der Rückfahrt nach München. »Zwei Abschiedsgedichte also [. . .], auf eine alte Jugendliebe« das eine und »auf die neue ›Asphaltstadt‹« das andere (Baumgart 1989, 105).
Bei dem Rekurs auf die Biographie Brechts darf allerdings nicht übersehen werden, daß schon in seinen frühen Gedichten »die Sachbezogenheit« im Interesse des Gebrauchswerts der Lyrik »alle Ichbezogenheit zu verdrängen« beginnt (Hinck 1978 [b], 111), Autobiographisches dem Leser höchstens zur distanzierten Kenntnisnahme angeboten wird. »Zwar ist in dem Gedicht von der Herkunft die Rede, von der Geburt und vom Wohnort, von der Beschäftigung, vom Tageslauf und von den Zukunftsaussichten, aber die Informationen, die der Leser über diese Lebensbereiche erhält, erweisen sich als biographisch unergiebig, sie verbergen offenbar mehr als sie enthüllen. Sie vermitteln das Bild eines untätigen Städtebewohners, der mit zynischer Gelassenheit [. . .] die Leere und Aussichtslosigkeit der Zivilisationswelt beschreibt« (Segebrecht 1978, 20). Ein bestimmender Begriff ist ihm dabei »die Kälte«; sie herrschte

schon in den »schwarzen Wäldern« (Z 1), aus denen die
Mutter kam, »sie ist die Grundtemperatur im Weltall und
sie regiert vor allem das soziale Klima in ›den großen Städten zu Beginn des dritten Jahrtausends‹ [. . .]. Wer überleben
will, muß sich anpassen, also diese dreifache Kälte in sich
hineinprojizieren« (Baumgart 1989, 108).

Während die in der *Hauspostille* versammelten Gedichte
dies vor allem durch ihre nihilistische Weltsicht tun und als
Konsequenz daraus den rücksichtslosen Daseinsgenuß prei-
sen, thematisiert die als Anhang apostrophierte Ballade
Vom armen B.B. die soziale Kälte. Nimmt man die Aussagen der zweiten bis fünften Strophe zum Nennwert, scheint
der lyrische Sprecher sich mit der Asphaltstadt als neuer
Heimat und mit »ihren Heilsversprechungen« (Segebrecht
1978, 20) abgefunden zu haben. »Doch die Zufriedenheit,
die er an den Tag legt, ist nur eine Verhaltensrolle, die er
sich verordnet hat« (ebd.). Das zeigt sein Umgang mit den
»Leuten« (Z 9), mit den Frauen und Männern, die er um
sich »versammelt« (Z 17): Er kleidet sich »nach ihrem
Brauch« (Z 10), imitiert die übliche unverbindliche Beziehung zu Frauen und die amerikanisierte Lässigkeit im Gespräch und im Verhalten unter Männern – »sie haben ihre
Füße auf meinen Tischen« (Z 19) –, »aber er tut das mit einem höheren Bewußtsein, mit der Distanz und dem Vorbehalt des Wissenden. Dieser Vorbehalt entfällt, wenn der
Städtebewohner allein ist. Dann, gegen Morgen, wenn er
sich der Attribute der Großstadt entledigt und dem Eindruck der krassen Negativität der städtischen Restnatur
ausgesetzt ist, verwandelt sich seine tagsüber zur Schau ge-
tragene Zufriedenheit in Beunruhigung« (Segebrecht, 1978,
20). Sie äußert sich konkret in der visionären Prophetie des
Untergangs: »Von diesen Städten wird bleiben, der durch
sie hindurchging, der Wind!« (Z 29). Der Städtebewohner
weiß dem nichts anderes entgegenzusetzen als seine Aus-
gangsposition: die Kälte und die zynische Gelassenheit, mit
der er hofft, »den Erdbeben, die kommen werden« (Z 33)

begegnen zu können. »Die Gewißheit, mit der solche Beben und der Untergang der Städte erwartet werden, läßt eine andere Perspektive in die Zukunft nicht zu« (Segebrecht 1978, 20).

Klaus Schuhmann (1971) hat dem jungen Lyriker Brecht angesichts dieser augenscheinlichen Hoffnungs- und Perspektivelosigkeit bescheinigt, in seinem Denken »im Bannkreis spätbürgerlichen Verfalls befangen« geblieben zu sein (113); er setze den »Untergang der kapitalistischen Zivilisation [...] dem Ende der Menschheitsgeschichte« gleich und begreife darum den »Ausverkauf der bürgerlichen Werte [...] als Endpunkt jeglicher Entwicklung« (ebd.). Brecht selbst scheint dem Interpreten recht zu geben, wenn er im *Arbeitsjournal* notiert, die Gedichte der *Hauspostille* trügen »zweifellos den stempel der dekadenz der bürgerlichen klasse« (AJ 28). Allerdings schreibt Brecht an anderer Stelle im *Arbeitsjournal* (AJ 153) auch von der »ausweglosigkeit«, die »hoffnung« einflöße und von der »sinnlosigkeit«, die »als befreierin« begrüßt werde. Das verweist auf die erwünschte Rezeptionshaltung des Widerspruchs gegen die weitere Geltung der traditionellen Werteordnung, die Brecht »selbst praktiziert« und in die er »auch seine Leser einüben möchte« (Segebrecht 1978, 22). »Er wünscht, im Sinne des Gebrauchswerts seiner Lyrik, daß sie einen Bedarf nach Destruktion haben oder entwickeln« (ebd.). Provozierend sagt er daher von sich und von ihnen: »Wir wissen, daß wir Vorläufige sind / Und nach uns wird kommen: nichts Nennenswertes« (Z 31 f.). Der so spricht, scheint von der Gegenwart ebensowenig zu erwarten wie von der Zukunft. Nach der Auffassung von Lehmann (1981) wäre eine solche Deutung jedoch unzutreffend. Der Satz kritisiere vielmehr die »Idee, das jetzige Dasein als Vorläufiges sei, dem ›Eigentlichen‹ gegenüber, das noch komme, nicht nennenswert« (35). Aufgrund eines immanenten Widerspruchspotentials intendiere die Rede vom Gegenwartsverlust und vom Übergang die Weigerung, »das Jetzt im Namen von

Utopien als wertlos zu betrachten« (ebd.). Der Leser solle
sich mit der ausgesagten nihilistischen Daseinserwartung
keineswegs identifizieren, diesen Satz vielmehr als Herausforderung nehmen, denen, die sich mit ihrer Lehre vom
Untergang als »Vorläufige« verstehen, etwas entgegenzusetzen (vgl. Segebrecht 1978, 22).
Die Herausforderung zum Widerspruch bewährt sich bis in
die Formstrukturen hinein. Das Gedicht *Vom armen B. B.*
steht im *Anhang* der *Hauspostille*, Brecht nimmt damit
scheinbar ein weiteres Mal einen Brauch der Erbauungsliteratur auf. Im Anhang solcher Bücher finden sich nämlich
nicht selten biographische oder autobiographische Notizen,
die die Autorität der Botschaften an den Leser durch den
vorbildlich frommen Lebenslauf ihres Verfassers legitimieren. Im Gedicht *Vom armen B. B.* könnte der Lebenslauf
des Lehrenden nur die Botschaft von der Aussichtslosigkeit
der Welt legitimieren. Da dies allerdings nicht beabsichtigt
ist, ist das Gedicht nur als Kontrafaktur zu lesen, die parodistisch den Widerspruch gegen diese Lehre provoziert.

2.2. Schlechte Zeit für Lyrik – Lyrik des dänischen Exils

In den zwölf Jahren, die zwischen dem Erscheinen der
Hauspostille (1927) und den *Svendborger Gedichten* (1939)
liegen, die das Ende des dänischen Exils markieren, hat sich
Brechts Lyrik und seine Einstellung zur Lyrik verändert. Er
rückte entschieden ab von der zweckfreien bürgerlichen
Ausdrucks-Lyrik, wie sie beispielhaft in den Gedichten Rilkes oder Georges repräsentiert wird, und realisierte die
selbstgestellte Forderung, daß auch Lyrik – wie die Literatur insgesamt – Dokument, Mitteilung, Unterweisung, Anleitung zum Handeln sei – alles dies freilich nicht in planer,
sondern künstlerisch vermittelter, die Denkleistung des
Adressaten beanspruchender Weise (vgl. Hinck 1978 [b],
119). Er erarbeitete sich dazu eine »Technik«, die er »ge-

stisch« nennt (19,398), das heißt, auf die Wirklichkeit hinzeigend, sie »nachbildend« offenlegend. Veranlaßt wurde Brecht zu dieser Präzisierung seiner Produktions- und Wirkungsästhetik »durch eine intensivere, mit Kenntnissen erheblich erweiterte kritische und dann auch marxistisch orientierte« Sichtweise der aktuellen »gesellschaftlichen Realität« (Knopf 1984, 65), die in den zwanziger und beginnenden dreißiger Jahren nicht nur durch soziale Unterschiede, sondern zunehmend durch die Ausbreitung und Konsolidierung der nationalsozialistischen Herrschaft in Deutschland geprägt war.

»Mein politisches Wissen war damals beschämend gering« schrieb Brecht, auf die Jahre nach dem Ersten Weltkrieg zurückblickend, 1938 in dem Aufsatz *Über reimlose Lyrik mit unregelmäßigen Rhythmen* (19,397), seiner wichtigsten theoretischen Äußerung zur Lyrik. Und doch sei er sich schon »großer Unstimmigkeiten im gesellschaftlichen Leben der Menschen bewußt« gewesen (ebd.). Wiewohl er diese »mehr oder weniger naiv« in die Verse seiner Gedichte eingefangen habe, habe er es nicht für seine Aufgabe gehalten, »all die Disharmonien und Interferenzen [. . .] formal zu neutralisieren«, wie er dies in den literarischen Arbeiten der Zeitgenossen praktiziert sah. So deutete er im Nachhinein sein Abrücken von deren Formen nicht nur als »ein ›Gegen-den-Strom-Schwimmen‹ in formaler Hinsicht, einen Protest gegen die Glätte und Harmonie des konventionellen Verses«, sondern zugleich als den Versuch, »die Vorgänge zwischen den Menschen als widerspruchsvolle, kampfdurchtobte, gewalttätige zu zeigen« (ebd.).

Im *Arbeitsjournal* findet sich unter dem Datum vom 3. 8. 38 eine Notiz, die Brechts Intention noch genauer erhellt. Er habe »die alten Formen der Lyrik« nie allein deshalb aufgegeben, um sich von der Tradition abzugrenzen, sondern immer nur, wenn sie dem, was er »sagen wollte«, »im Wege standen« (AJ 18). Tatsächlich hat er in allen anderen Fällen die überlieferten Formen beibehalten. Er hat insgesamt »das

Formale eher gering« geschätzt (ebd.), denn seine Ästhetik
ist ganz und gar lesergerichtet, die poetische Form deshalb
immer der Prüfung ihrer Brauchbarkeit für bestimmte
Zwecke in historisch bestimmten Situationen unterworfen
(vgl. Holtz 1983, 373). Die Ästhetik Brechts kann darum
auch nicht von »historisch bedingten Inhalten« gelöst werden (ebd.). »Sie wird als theoretischer Entwurf in einer
bestimmten sozialgeschichtlichen Phase verankert und ist
Wertmaßstäben verpflichtet, die Brecht aus den Interessen
des Proletariats herleitet« (ebd.). Nicht nur die Lyrik des
dänischen Exils gibt davon beredte Proben.

Schlechte Zeit für Lyrik.   Über dem zweiten Abschnitt
der *Svendborger Gedichte* steht das Motto:

> In den finsteren Zeiten
> Wird da auch gesungen werden?
> Da wird auch gesungen werden.
> Von den finsteren Zeiten. (9,641)

Das 1939 entstandene Gedicht *Schlechte Zeit für Lyrik*
(9,743), das nicht in der Sammlung der *Svendborger Gedichte* enthalten ist, sondern zur übrigen Lyrik des dänischen Exils zählt, löst das Motto ein. In scheinbar parado-
xer Weise verkündet es, daß schlechte Zeit für Lyrik sei, auf
lyrische Weise. Eigentlich müßte derjenige, der ein solches
Urteil fällt, ja lyrisch verstummen und prosaisch reden. Dies
aber ist nicht das Thema. Statt dessen wird nach der Eignung überlieferter Schreibweisen für die politische Auseinandersetzung gefragt. Und die Antwort: Nicht alle literarischen Gattungen sind allen Epochen angemessen. Der faschistischen Gewalt antwortet man nicht mit Naturgedich-
ten; Diktaturen sind eine schlechte Zeit für Lyrik. Der Emi-
grant an der dänischen Küste sieht die »grünen Boote und
die lustigen Segel des Sundes« (Z 8) nicht:

[...] Von allem
Sehe ich nur der Fischer rissiges Garnnetz [...]
In meinem Lied ein Reim
Käme mir fast vor wie Übermut.

In mir streiten sich
Die Begeisterung über den blühenden Apfelbaum
Und das Entsetzen über die Reden des Anstreichers.
Aber nur das zweite
Drängt mich zum Schreibtisch. (9,743 f.)

Der Widerstreit zwischen der »Begeisterung über den blühenden Apfelbaum« und dem »Entsetzen über die Reden
des Anstreichers« verweist »explizit auf die widersprüchli-
chen Antriebskräfte des Dichters Brecht« (Schwarz 1978,
68), die sich »als Dialektik von Empirie und Zeitgeschichte«
(ebd.) darstellten. Die Betrachtung der sinnlichen Schönheit
der Natur stößt sich mit der Wahrnehmung der politisch-
sozialen Wirklichkeit, das Angenehme mit der Härte der
Lebensformen der arbeitenden Klasse, und das Denken
wird immer neu alarmiert durch die Reden Hitlers. In dieser Situation kann der Widerstreit zwischen individuellem
Empfinden und dem Bewußtsein gesellschaftlicher Bedingungen nur »zugunsten des politischen Engagements«
(Schwarz, ebd.) entschieden werden: Nur dieses drängt den
Dichter zum Schreibtisch.
Ein solches Modell »praxisorientierter, eingreifender
Kunst« (Müller 1985, 302) bleibt freilich nicht ohne Aus-
wirkung auf die ästhetische Form. Walter Hinck (1978 [b])
hat auf diesen Aspekt der Lyrik des Exils besonders hingewiesen und vermitteln können, daß der sinnlich-ästhetische
Reiz eines Gedichtes zwangsläufig fragwürdig werden
müsse, wo Schönheit nicht mehr mit unbefangenem Wohl-
gefallen, nicht mehr »ästhetisch« betrachtet werden könne
(110). Formal führt diese Perspektive folgerichtig zum Verzicht auf den wohlklingenden Reim zugunsten unregelmä-

ßiger Rhythmen, wie thematisch ein Verzicht auf Natur-
betrachtung angezeigt ist: »Die zeitlose Schönheit einer
Landschaft ist nicht zu jeder Zeit der gebotene Gegenstand für Literatur. An den großen Krisenpunkten des Ge-
schichtsprozesses hat Naturlyrik zu verstummen« (Hinck
1978 [b], 111).

2.3. Svendborger Gedichte

Die ursprünglich als *Gedichte im Exil* bezeichnete Sammlung erschien 1939 in Kopenhagen unter dem Titel *Svendborger Gedichte*. Sie markiert das Ende des dänischen Exils,
an dessen Anfang die 1934 erschienene Lyrik-Sammlung
Lieder, Gedichte, Chöre steht. Im Aufbau knüpfte Brecht
mit den *Svendborger Gedichten* an der *Hauspostille* an. Er
teilte wiederum in – insgesamt sechs – lektionenähnliche
Abschnitte ein, nahm für den dritten den Gattungsnamen
der *Chroniken* wieder auf und stellte an das Ende mit dem
Gedicht *An die Nachgeborenen* wieder eine Art typisierten
Lebenslauf. Doch abgesehen von diesen mehr äußerlichen
Gemeinsamkeiten überwiegen die Unterschiede. Brecht
selbst hat darauf in einer Notiz im *Arbeitsjournal* vom
9. 10. 38 aufmerksam gemacht, indem er sie »bewußter« als
die früheren nennt (AJ 28). Die *Hauspostille* ist, trotz der
destruktiven Grundintention vieler ihrer Gedichte, in der
»fülle der empfindungen« (ebd.) noch mehr den Formen
der Ausdrucks-Lyrik der Zeit verpflichtet, während die
Svendborger Gedichte sich dadurch auszeichnen, Probleme
der politisch-sozialen Wirklichkeit aufzudecken und zur
Sprache zu bringen. Deshalb tritt ihre ästhetische Gestaltung tendenziell auch hinter das Darzustellende zurück.
Freilich ist der prägnante »einfache« Ausdruck, den diese
späteren Gedichte suchen, nur auf den ersten Blick un-
künstlerischer als der in der früheren Lyrik. In zahlreichen
Beispielen zeigt sich, daß die »einfachen« Formulierungen
»Resultat komplexer Überlegungen sind, die durch die

Sprache – mit dem überraschenden, zugleich aber überzeugenden Einblick in die Sache – [...] überhaupt erst sichtbar werden« (Knopf 1984, 115).

Den Gesamtzyklus der *Svendborger Gedichte* hat Brecht unter ein Motto gestellt, das auf Entstehungsort, Situation und Intention verweist:

> Geflüchtet unter das dänische Strohdach, Freunde
> Verfolg ich euren Kampf. Hier schick ich euch
> Wie hin und wieder schon die Verse, aufgescheucht
> Durch blutige Gesichte über Sund und Laubwerk.
> Verwendet, was euch erreicht davon, mit Vorsicht!
> Vergilbte Bücher, brüchige Berichte
> Sind meine Unterlage. Sehen wir uns wieder
> Will ich gern wieder in die Lehre gehn. (9,631)

Die Gedichte reagieren auf den aufgezwungenen Zustand des Exils, der ihrem Verfasser ein Eingreifen in das Geschehen der Gegenwart unmöglich macht, sie blicken zugleich aber auch, weil mit seinem absehbaren Ende rechnend, in die Zukunft. Ziel ist, nach der Beseitigung des faschistischen Systems in die Heimat zurückzukehren, um dort weiterlernend »zur Sicherheit seiner Aussagen« zu finden (Bohnert 1982, 78) und für eine sozialistische Zukunft zu wirken (vgl. ebd., 79). »Zukünftige ›Aussichten‹ und vergangene ›Erfahrungen‹ sind damit als Thematik der Sammlung avisiert« (Knopf 1984, 112). Zwischen kommendem Krieg, den im ersten Abschnitt die *Deutsche Kriegsfibel* (nicht zu verwechseln mit der 1955 erschienenen *Kriegsfibel*) als künftige Tatsache vorstellt, und den – unerledigten – Erfahrungen der Klassenkämpfe, die die *Chroniken* beschreiben, schlägt sich der zeitliche Bogen dieser Gedichte, die, insbesondere mit den *Deutsche[n] Satiren*, zugleich zum gegenwärtigen Kampf gegen den Faschismus anhalten (vgl. ebd.). Allerdings, der da unter das dänische Strohdach geflüchtet ist, verfolgt von ferne den Kampf, den andere führen, und in allen Versen, die er »aufgescheucht / Durch blutige Ge-

sichte über Sund und Laubwerk« (9,631) ihnen schickt,
schwingt das Bewußtsein – vielleicht gar das »Schuldbe-
wußtsein« (Ueding 1978, 70) – dessen mit, der beobachten
muß, aber nicht handeln kann, »der Worte hat, aber keine
Taten« (ebd.). Im Abschlußgedicht *An die Nachgeborenen*
hat Brecht dies thematisiert.

Fragen eines lesenden Arbeiters. Der dritte Abschnitt
der *Svendborger Gedichte*, die *Chroniken*, schließt mit der
Hymne *Der große Oktober* (9,675 ff.), die geradezu »über-
schwenglich« (Mennemeier 1982, 164) dem »zwanzigsten
Jahrestag der Oktoberrevolution« (Untertitel) huldigt. Das
ist gewiß absichtsvoll arrangiert, so daß von diesem Gedicht
her alle anderen ihre Perspektive auf die »Arbeiterklasse«
(9,677) und ihre »politische Brisanz« (Ueding 1978, 68) gewinnen. Derjenige, der im ebenso programmatisch gemeinten Eingangsgedicht nach der Bedeutung und den Folgen
historischer Größe fragt, kann darum nur ein »Arbeiter«
sein, wie anders könnte sonst deren Darstellung in den Ge-
schichtsbüchern der herrschenden Klasse in Zweifel gezogen und neu gewertet werden. Die zwei ersten »Fragen« des
»lesenden Arbeiters« umreißen das Thema:

> Wer baute das siebentorige Theben?
> In den Büchern stehen die Namen von Königen.
> Haben die Könige die Felsbrocken herbeigeschleppt?

»Die Kulturgüter erkauft mit der Fron der namenlosen Vielen, erkauft durch Barbarei; die erhaltenen Triumphbögen
als Dokumente der Sieger; die Siege erstritten und die
Niederlagen gebüßt mit unzähligen Tränen; die historische
Folge großer Männer als eine unendliche Kette menschlicher Leiden« (Hinck 1978 [b], 117) – so stellt sich Geschichte dar, wenn sie nicht als die Leistung einiger großer
Persönlichkeiten gesehen, sondern vom Standpunkt der
Unterdrückten und Erniedrigten aus betrachtet wird, als
deren Repräsentant der »lesende Arbeiter« fungiert.

»Der historische Materialist [...] betrachtet es als seine Aufgabe, die Geschichte gegen den Strich zu bürsten«, schreibt Walter Benjamin in der siebten These seiner geschichtsphilosophischen Betrachtungen. Seine Begründung liest sich wie ein Kommentar zu Brechts Gedicht: »Die jeweils Herrschenden sind [...] die Erben aller, die je gesiegt haben. Wer immer bis zu diesem Tag den Sieg davontrug, der marschiert mit in dem Triumphzug, der die heute Herrschenden über die dahinführt, die heute am Boden liegen. Die Beute wird, wie das immer so üblich war, im Triumphzug mitgeführt. Man bezeichnet sie als die Kulturgüter. Sie werden im historischen Materialisten mit einem distanzierten Betrachter zu rechnen haben. Denn was er an Kulturgütern überblickt, das ist ihm samt und sonders von einer Abkunft, die er nicht ohne Grauen bedenken kann. Es dankt sein Dasein nicht nur der Mühe der großen Genien, die es geschaffen haben, sondern auch der namenlosen Fron der Zeitgenossen. Es ist niemals ein Dokument der Kultur, ohne zugleich ein solches der Barbarei zu sein« (zit. nach: Hinck 1978 [b], 117).

Was Benjamin theoretisch darlegt, arbeitet Brecht ästhetisch aus. Sein Gedicht *Fragen eines lesenden Arbeiters* widerspricht der herrschenden Geschichtsschreibung, nach deren Darstellung die Geschichte weitgehend aus der regelmäßigen, »alle zehn Jahre« (Z 24) wiederkehrenden Abfolge von Kriegen zwischen Stämmen, Städten und Staaten besteht, in denen die Masse der Kleinen das Werkzeug der großen Männer (vgl. Z 24) ist. Der Arbeiter befragt die Geschichtsbücher danach, ob er auch eine Geschichte habe, aber er findet in ihnen nur »die Namen von Königen« (Z 2), sich selbst jedoch nicht, es sei denn als Opfer. Die Fragen, die der Autor dem Arbeiter in den Mund legt, erinnern deshalb an die elementaren Voraussetzungen, die den Ruhmessockel der Großen bilden – zum Beispiel: »Das große Rom / ist voll von Triumphbögen. Wer errichtete sie?« (Z 8 f.); sie machen die materiellen Bedingtheiten sichtbar, denen die

Großen ihren Ruhm verdanken – zum Beispiel: »Cäsar schlug die Gallier. / Hatte er nicht wenigstens einen Koch bei sich? [...] Wer kochte den Siegesschmaus?« (Z 16 f. u. 23); vor allem aber liefern sie Argumente für die der herrschenden Geschichtsschreibung entgegengesetzte Prämisse, daß »die kämpfende, unterdrückte Klasse selbst« das Subjekt der Geschichte sei (Benjamin, zit. nach: Hinck 1978 [b], 117).

Die in einer »offene[n] Reihe« angeordneten Fragen (Knopf 1984, 120), »die wie Hiebe sausen und denen bei aller Leichtigkeit des Tons eine agitatorische Leidenschaftlichkeit nicht fehlt« (Mennemeier 1982, 167), werden in zwei Schritten vorgebracht. Im ersten Schritt wird das Verhältnis von Herrschern zu den Beherrschten thematisiert, am Schluß präzise zugespitzt in der Feststellung: »Selbst in dem sagenhaften Atlantis / brüllten in der Nacht, wo das Meer es verschlang / die Ersaufenden nach ihren Sklaven« (Z 11 f.). Im zweiten Schritt wird der Fragehorizont um die Schlachten und Kriege erweitert, um im dritten Abschnitt des Gedichts in die saloppe, aber ungeheuer provokative Frage (vgl. Hinck 1978 [b], 117) einzumünden: »Wer bezahlte die Spesen [für all die Kriege und Zerstörungen]?« (Z 25).

Die Antwort, daß die vielgerühmten Taten diejenigen bezahlen mußten, die diese Taten eigentlich erst ermöglichten, gibt das Gedicht selbst nicht, wie es überhaupt keine der gestellten Fragen beantwortet. Es schließt mit der lakonischen Feststellung: »So viele Berichte. / So viele Fragen« (Z 26 f.). Doch sein Gedankengang ist damit noch nicht zu Ende, es will den Impuls vermitteln, angesichts der »vielen Berichte« sei nicht kritiklose Rezeption, sondern kritisches »Fragen« gefordert. Das Ziel dieser Fragen muß sein, die Geschichte neu zu schreiben, den Anteil der Unterprivilegierten an den großen Taten objektiv zu definieren, ihre Unterdrückung als Bedingung der falschen Geschichtsschreibung zu erkennen. Nicht Männer machen Geschichte, diese entsteht vielmehr aus dem Antagonismus von ökonomisch bedingten

Interessen. Nur die kritische Fragehaltung ist imstande, das falsche Geschichtsbild zu durchbrechen. Dazu ist es nötig, daß aus Arbeitern »lesende Arbeiter« werden, eine Voraussetzung, die bei dieser »Chronik« optimistisch getroffen wird.

Weil der Faschismus in Deutschland das Schema der großen historischen Namen übernommen hat, lieferte er Brecht den aktuellen Beleg falscher Geschichtsschreibung. Denn »es lag ganz in seinem Interesse, den Kult der großen Männer fortzusetzen« (Mennemeier 1982, 166), ihn in Form einer pathetischen »Führer«-Verehrung zu inszenieren. Brecht rechnete damit, daß der Leser im nationalsozialistischen Deutschland, für den das Gedicht zuerst geschrieben wurde, dessen Perspektive mitvollzöge und dadurch auch die Provokation aufnähme, die besagt: An den Siegen der Sieger hat das Volk niemals teilgenommen. Auch im kommenden Krieg wird es wiederum nur die Opfer stellen, durch seine Arbeit ebenso wie durch sein Leben. Also, so der Appell an die Arbeiterklasse, macht von dieser Einsicht den richtigen Gebrauch.

Legende von der Entstehung des Buches Taoteking auf dem Weg des Laotse in die Emigration. Man nimmt heute an, daß das Buch *Taoteking* um oder nach 300 v. Chr. von dem Philosophen Laotse verfaßt worden ist. »Der Sage nach soll Laotse in der Zeit der Chou-Dynastie das chinesische Reich verlassen, den Paß von Han-Ku überschritten und auf Veranlassung des dortigen Paßkommandanten seine Lehre niedergeschrieben haben. Das Buch händigte er dem Kommandanten aus« (Marsch 1974, 278). Brecht nahm diesen historischen Stoff auf und gestaltete ihn in einer für die *Chroniken* sonst ungewöhnlichen Form mit Reimen, festen Strophen, regelmäßigen Rhythmen. Dies rechtfertigt sich durch das Legendäre des Vorgangs, das nicht »entmythologisiert« wird (Knopf 1984, 123). Die »Drehung« der

Legende geschieht durch den Perspektivenwechsel; »als
Form aber kann sie gewahrt bleiben« (ebd.).
Brechts Situation im dänischen Exil war der des Laotse
nicht unähnlich. Laotse verläßt ein Land, dessen politische
Zustände ein Leben nach seinem Sinn nicht mehr gestatten
(Str. 1). In dieser Situation politischer Ohnmacht schreibt er
ein Werk, das zum Quellort einer Weltphilosophie wird.
Der nach außen hin Schwache erweist sich als überaus
mächtig.
Die Exilsituation kann der des Emigranten gewiß nicht einfach gleichgesetzt werden; während dieser seine Heimat auf
Dauer verlassen muß, darf jener auf Rückkehr hoffen, mag
ihr Zeitpunkt auch noch so ungewiß sein. Gleichwohl
zeichnet sich eine Parallele zu Brechts Selbstverständnis ab.
Wirkungsvoll wie das Buch *Taoteking* wünschte er sich
seine eigene Dichtung, als Anstoß zu politischer Veränderung in der fernen Heimat.
Brecht verkannte allerdings nicht die Isolierung, in der er
sich als ein ins Exil Verbannter befand; durch sie war ihm
jegliche Kommunikation mit seinem Publikum verwehrt.
Die *Legende von der Entstehung des Buches Taoteking*
(9,660 ff.) demonstriert denn auch, wie entscheidend feh-
lende Resonanz sein kann, schreibt doch Laotse die Weis-
heitssprüche nur auf, weil der Zöllner sie ihm »abverlangt«
(Str. 13); ohne dessen hartnäckiges Fragen wären sie nie der
Nachwelt überliefert worden. In seiner Heimat sah Laotse
keine Veranlassung, die Ergebnisse seines Forschens schrift-
lich festzuhalten, es hatte niemand sie ihm abgefordert. Auf
den Vorschlag des Zöllners läßt sich Laotse allerdings nicht
nur ein, weil er dadurch gezwungen ist, seine Weisheit
dauerhaft zu fixieren, sondern auch, weil der einfache, un-
gebildete Rezipient ihn nötigt, »jene so zu formulieren,
daß er sie verstehen und gebrauchen kann« (Mennemeier
1982, 171).
Der Zöllner, Repräsentant des »kleinen Mannes« und einer
der »Mächtigen von Morgen« (ebd.), hat also entscheiden-

den Anteil an der Entstehung eines weltliterarischen Buches. Dies trägt zwar den Namen des Laotse, durch seine hartnäckigen Fragen ist der Zöllner aber »zum Mitproduzenten der Schrift« (ebd.) geworden. Ihm wird darum am Schluß auch für seine Wißbegierde gedankt, weil sie dem Weisen seine Weisheit erst entrissen hat (Str. 13).

Kern des Wissens, den die *Legende* vermittelt, ist ein dem *Taoteking* entlehnter Spruch, den der den Laotse begleitende »Knabe« zitiert, als er von dem Zöllner nach der Summe der Erkenntnisse des »Lehrers« gefragt wird: »Daß das weiche Wasser in Bewegung / Mit der Zeit den mächtigen Stein besiegt« (Z 23 f.). Der Spruch besagt, »daß es geraten ist, das Unstete und Wandelbare der Dinge nicht aus dem Auge zu verlieren und es mit dem zu halten, was unscheinbar und nüchtern, auch unversieglich wie das Wasser ist« (Benjamin 1971, 96). Die Botschaft des Spruchs läßt sich auf viele Situationen menschlichen Daseins beziehen, der »materialistische Dialektiker« aber wird dabei zuvörderst »an die Sache der Unterdrückten denken« (ebd.). Das Wasser wird dann zum Bild für die politisch ohnmächtige Masse, seinem pausenlosen Angriff gleicht das Entlarven des Unrechts und der Unterdrückung, dem diese ausgesetzt ist. Die Schwachen werden sich dadurch ihrer Situation bewußt und auf den Gedanken gebracht, daß die Verhältnisse so nicht sein müßten, wie sie sind. Eine Entwicklung ist eingeleitet, die die Schwachen einmal mächtig machen wird. Zeit und ständige Bewegung sind die entscheidenden Voraussetzungen für diesen Prozeß, in dem sich das scheinbar Paradoxe vollzieht, daß die Beherrschten die Herrschenden besiegen.

Damit der Zöllner den Weisheitsspruch in diesem Sinn auch wirklich begreift, fügt der Knabe noch erläuternd hinzu: »Du verstehst, das Harte unterliegt« (Z 25). Für Walter Benjamin (1971) ist dieser Satz, geschrieben in der Zeit der Gewaltherrschaft des Nationalsozialismus, eine »Verheißung«, »die keiner messianischen etwas nachgibt« (96).

Zwar ist die Botschaft auf überraschende Weise unrevolutionär, aber sowohl die historische Situation des Laotse wie diejenige Europas im Jahre 1938 ließen einen gewaltsamen Umsturz aussichtslos erscheinen und zwangen dazu, alle Hoffnungen auf »das weiche Wasser in Bewegung« zu setzen.

An die Nachgeborenen. Am Schluß der *Hauspostille*, im Gedicht *Vom armen B.B.* heißt es: »Wir wissen, daß wir Vorläufige sind / Und nach uns wird kommen: nichts Nennenswertes« (8,262). Das ist eine Provokation für jeden Leser, der eine solche Botschaft vom Untergang nicht hören und auf sich nicht anwenden mag. Im Schlußtext der *Svendborger Gedichte* findet er sich damit an der Seite des Autors selbst wieder, der sich hier *An die Nachgeborenen* wendet, die im Schlußgedicht der *Hauspostille* noch unter »nichts Nennenswertes« registriert wurden. Nun, angesichts des großen, aber unerreichten Ziels derer, die in »finsteren Zeiten« (Z 1) »den Boden bereiten wollten für Freundlichkeit« (Z 69), werden die »Nachgeborenen« wichtig, ja unentbehrlich (vgl. Segebrecht 1978, 22).

Der Satz »Wirklich, ich lebe in finsteren Zeiten« rahmt (in den Zeilen 1 und 30) den ersten Teil des Gedichts ein, der die vielzitierte, zentrale Aussage enthält:

Was sind das für Zeiten, wo
Ein Gespräch über Bäume fast ein Verbrechen ist
Weil es ein Schweigen über so viele Untaten einschließt!
(9,723)

Die Zeiten, von denen hier gesprochen wird, sind nicht in einer fernen Vergangenheit zu suchen, sie bezeichnen die Gegenwart, in der der Autor leben muß. Und die ist nicht danach, daß die Dichter weiterhin ungebrochen über die Schönheit der Landschaft sprechen könnten. Der apodiktisch verurteilende Ton trifft allerdings weniger jene Autoren, die weiter »über Bäume« zu sprechen suchen, als viel-

mehr jene, die dies tun, um von der Not abzulenken: »Der
dort ruhig über die Straße geht / Ist wohl nicht mehr er-
reichbar für seine Freunde / Die in Not sind« (Z 9–11).
Das lyrische Ich beschreibt sich durchaus als solches, das an
diesem »Gespräch« teilnehmen möchte; allein das Leid, von
dem es nur durch »Zufall« (Z 13) verschont ist, verbietet
dies. Dieser Zufall, das Finden eines Unterschlupfs »unter
dänischem Strohdach« (9,631) verpflichtet es, seine Stimme
zu erheben, nicht aber um über Bäume zu sprechen, die Natur also weiterhin im Wort zu besingen, sondern um konkret auf das Leiden jener hinzuweisen, die »in Not sind«.
Der Raum der Dichtung hat seine Unschuld verloren und
muß nun zur Verfügung gestellt werden, die Schuldigen an-
zuprangern und zu verurteilen. Jedes Schreiben »über
Bäume« verhindert ein anderes Schreiben »über so viele
Untaten« (Z 8). Alle in das Gespräch über Bäume Verfan-
gene werden unerreichbar für die Ansprache der Freunde,
die in Not geraten sind. Das falsche, unverantwortliche
Sprechen wird so fast ein Verbrechen.
Auch jene Weisheit der »Bücher«, die Botschaft der Kon-
templation und des Vergebens, die in der letzten Strophe
beschworen wird, hat ihre Berechtigung verloren, ist fast
verbrecherisch. Doch das lyrische Ich trauert ihr nach: »Ich
wäre gern auch weise« (Z 21). Der abermalige Hinweis in
der Schlußzeile aber verteidigt die Abkehr von Weisheit zugunsten des politischen und moralischen Engagements noch
einmal mit den »finsteren Zeiten« (Z 30).
Die Dialektik ist klar: Es gibt keine Weisheit, keine Moral,
kein ethisches Prinzip, das unabhängig von gesellschaftlichem Sein gelten kann. Es gibt Zeiten, wie die des Nationalsozialismus, in denen die alte Weisheit nur gerettet werden
kann, indem man sie zeitweise außer Kraft setzt. Sich in finsteren Zeiten nicht weise zu verhalten, die Untaten anzu-
prangern, dem Zorn über das Unrecht und der Unmoral
Ausdruck zu geben, ist die einzige Möglichkeit, Menschlichkeit in besseren Zeiten herzustellen.

Von solchem Leben in »Aufruhr« (Z 33) gegen die Herrschenden spricht der zweite Teil des Gedichtes. Aber es ist kein Bericht über erfolgreiche Widerstandsaktivitäten, eher eine elegische Betrachtung über die sich ständig verringernden eigenen Möglichkeiten, über die »verlorenen Möglichkeiten der Wirkung als Dichter« (Ignasiak 1982, 54), die in der Feststellung gipfeln:

> Ich vermochte nur wenig [...]
>
> Die Kräfte waren gering. Das Ziel
> Lag in großer Ferne
> Es war deutlich sichtbar, wenn auch für mich
> Kaum zu erreichen.
> So verging meine Zeit
> Die auf Erden mir gegeben war.

Nicht ohne Grund werden diese geschichtlichen Erfahrungen des »lyrischen Ich« im dritten Teil zum Vermächtnis jenes »Wir« erweitert, »das als Subjekt diejenigen bezeichnet, die wegen ihrer politischen Parteinahme ins Exil getrieben wurden; die im Gedicht den unmittelbar angesprochenen Nachgeborenen als die Erfahreneren, aber auf Nachsicht Angewiesenen gegenüberstehen« (Holtz 1983, 380):

> [...] Ach, wir
> Die wir den Boden bereiten wollten für Freundlichkeit
> Konnten selber nicht freundlich sein.
>
> Ihr aber, wenn es soweit sein wird
> Daß der Mensch dem Menschen ein Helfer ist
> Gedenkt unsrer
> Mit Nachsicht.

»Ob Brechts Erben diejenigen sind, über die es im Sinne des Gedichts *Vom armen B.B.* ›nichts Nennenswertes‹ zu sagen gibt, oder diejenigen, auf die er in seinem Gedicht *An die Nachgeborenen* seine Hoffnung setzt – in beiden Fällen ist der Anspruch, der an sie gestellt wird, sehr hoch; gilt es doch, Brechts Diagnose der Aussichtslosigkeit durch Widerspruch und Kritik zu widerlegen und seine Zuversicht auf eine bessere Zukunft durch Einsicht und Nachsicht zu rechtfertigen. Beides ist mit der Lektüre seiner Gedichte nicht getan. Sie erwarten, daß man von ihnen Gebrauch macht« (Segebrecht 1978, 23).

2.4. Späte Lyrik – Buckower Elegien

Nach der »Inzwischenzeit« (AJ 151) des Exils nach Europa zurückgekehrt und in der neu entstehenden DDR heimisch geworden, trat nun für Brecht »an die Stelle der Negation der frühen Gedichte, der gezielten Kritik der mittleren Gedichte [... in den späten] vielfach die Bejahung des Gegebenen. Einher geht mit dieser Entwicklung der Wandel des lyrischen Ich von krasser Isolation über die distanzierte Gegenposition zur kritisch-kooperativen Integrierung in eine Gemeinschaft von vielen. Wie die Antithetik *ich–ihr* viele früheren, so prägt die Dialektik *ich–wir* ein gut Teil der späten Texte. Parteinahme für den Aufbau, das Zusammenwirken aller findet seinen Ausdruck in der Kohärenz des lyrischen Sujets. Äußere Ordnung entsteht, und mit ihr die Hoffnung auf eine kommende geistige Ordnung, eine Kontinuität des Neuen, Positiven. Was im Gedicht ›An die Nachgeborenen‹ als ferne Vision anklang« (Knapp 1973, 45), wandelte sich jetzt in zuversichtlichen Glauben an eine humane Wirklichkeit. Zwar war es noch nicht »so weit«, »daß der Mensch dem Menschen ein Helfer ist« (9,725), aber die Möglichkeit lag greifbar nahe.

Charakteristisch für diese neue Position der Spätgedichte ist ihr erster Zyklus, die *Neue[n] Kinderlieder* aus dem Jahre 1950. Nach Ansicht Christel Hartingers (1982) öffne ihre Welt »den Sinn der Menschen für Frieden und Gerechtigkeit [...] nicht mehr vorrangig über den Kampfappell für

eine kommende und gerechte Zeit« (184), sie habe bereits
»Frieden«, in ihr werde »schon Gerechtigkeit geübt« (ebd.).
Was Brecht in diesen Gedichten in der Perspektive des Kin-
des und zugleich mit didaktischem Anspruch Kindern zeigt,
ist Ausdruck der Wiederkehr seiner Zuversicht und seines
Vertrauens in eine bessere Zukunft, die er hier zum ersten
Mal zu konkretisieren wagte (vgl. Knapp 1973, 47). »Ihm
stand eine Jugend vor Augen, die nun tatsächlich zu realisie-
ren vermochte, wofür Generationen vor ihr kämpften. Die
Antizipation des Sozialismus«, verstanden als ein goldenes
Zeitalter des Miteinander und Füreinander, »macht seine
Utopie der Kindheit aus« (ebd., 46).
Der zweite in der DDR entstandene Gedichtzyklus, die
Buckower Elegien, kann als der Kern von Brechts später
Lyrik gelten. Im wesentlichen im Sommer 1953 geschrieben,
wurden die Gedichte als abgeschlossene Sammlung erst
1964 publiziert, im Entstehungsjahr wurden nur sechs Texte
in der Zeitschrift *Sinn und Form* veröffentlicht. 1954 erschienen diese Gedichte auch im Heft 13 der *Versuche* als
23. Versuch, hier dann bereits unter dem Titel *Buckower
Elegien* (vgl. Müller 1985, 324). Dieser Titel »enthält eine
beziehungsreiche Anspielung auf Goethes ›Römische Elegien‹ und Rilkes ›Duineser Elegien‹, indem er neben die gebildete Erinnerung an die Antike und die empfindende
Überschreitung des Gewöhnlich-Alltäglichen am mondä-
nen Ort (Duino) nun den Bezug zur märkischen Landschaft
mit dem Ort Buckow stellt« (Dittberner 1973, 54). Im
Ortsnamen klingt zudem das Adjektiv »bukolisch« an, das
eine friedliche Idylle assoziiert. »Elegien im Sinne der formalen oder inhaltlichen Tradition allerdings sind Brechts
Gedichte nicht, ›elegische Stimmung‹ sucht man in ihnen«
ebenso vergebens (ebd.) wie naturnahe Bukolik. Der Ort
»steht für die Distanz zwischen gesellschaftlichem Leben
und dem Schaffen des Dichters, der zwar nicht ›aus der
Welt‹ ist, durchaus aber nicht mitten ›im vollen Menschen-
leben‹ steht« (Knopf 1984, 202). Auch wenn der Ton der

Gedichte privater, subjektiver anmuten mag als die früheren, Brechts Dichtung blieb auch in dieser Zeit Poesie engagée (Knapp 1973, 50). »Vieles spricht dafür, daß er in diesen letzten Jahren seinen Glauben (und vielleicht auch seine eigene Begeisterung wenig früherer Jahre) an der Wirklichkeit seiner Umwelt gemessen hat. Auch hier ist seine Dichtung Vergabe und Vermittlung von Welt« (ebd.), sie ist geprägt von der Realität der DDR, vermittelt, eher kritisch als affirmativ, Ausschnitte der ostdeutschen Wirklichkeit.

Jan Knopf hat als Ergebnis der umfangreichen Forschung zu den *Buckower Elegien* herausgestellt, daß die Gedichte ihre Entstehung den Ereignissen des 17. Juni 1953 verdanken und »sich auch weitgehend in ›verschlüsselter‹ Weise auf sie beziehen« (Knopf 1984, 192). Unter Berufung auf den Brief Brechts vom 1. Juli 1953 an seinen Verleger Siegfried Unseld legt Knopf dar, daß Brecht einerseits zwar den »Volks«-Aufstand als »Arbeiteraufstand« gewürdigt habe, weil der SED unübersehbare Fehler unterlaufen seien, andererseits aber seine Verbundenheit mit der Staatsführung unterstrichen habe, weil er hinter dem Arbeiteraufstand einen faschistischen Putschversuch zu erkennen glaubte. »Brecht, das zeigen seine Briefe, hat nicht ›resigniert‹. Im Gegenteil setzt er seinen Einfluß und seine ›Autorität‹ ein, die notwendige Aussprache [zwischen Arbeiterschaft und Partei] voranzubringen, den ›Neuen Kurs‹ zu unterstützen und die ›Steifheit‹ der Funktionäre zu brechen [...]. Auf diesem zeitpolitischen Hintergrund sind die Gedichte der *Buckower Elegien* zu analysieren« (Knopf 1984, 193). Sie sind insofern eine klagende, aber nicht tränenselig jammernde Bestandsaufnahme eines »Zustands«, den der Dichter so schnell wie möglich als vergangen wissen wollte, damit es weitergehe.

Ästhetisch realisiert sich das »Elegische« fast durchweg in einem kunstvollen lyrischen Formtyp, der sein Vorbild in jenem Doppelverhältnis von »Gegenstand« und »Deutung« hat, wie es im Epigramm anzutreffen ist. Das heißt: In der

ersten Hälfte dieser Gedichte erfolgt die objektive Darstellung eines Bildes oder einer Situation, die dann im zweiten
Teil subjektiv kommentiert oder reflektierend ausgedeutet
wird, und meist enthält der Schluß noch ein »besonders
pointiertes Überraschungsmoment« (Schwarz 1978, 123).
Auf diese Weise gewinnen diese »epigrammatischen Kurz-
gedichte« (ebd., 122) ihr spezifisches Wirkungspotential im
historischen Kontext ihrer Entstehung.

Der Radwechsel. Die Situation ist real. Der Leser kann
sich die Straße, an der dieser Wagen zu Bruch gegangen ist,
vorstellen. Er sieht den Fahrer mit dem Rad vor sich, den
Wartenden, die ganze Kulisse, »das ziemlich öde Bild«
(Wohmann 1993), auch die Ungeduld des Reisenden. Viele
Möglichkeiten sind denkbar, »dieses lakonische Gedicht,
das von der Situation des Radwechsels nur das Nötigste
sagt, mit Lebens- und Erlebnisstoff« anzureichern (Weinrich 1982, 31). Gabriele Wohmann (1993) erkennt in ihr,
aufgrund der Unruhe des Wartenden, »eine Lebensnervosi-
tät«: »Das Gedicht verweist auf ein Verlangen, das dem
Menschen einwohnt und für das es keinen irdischen Platz
gibt. Man muß nicht gläubig sein – obgleich das angenehm-
er wäre – um sich seiner Unerlöstheit bewußt zu werden
und die innere Ungeduld als Todeshoffnung zu empfinden.
Im Verschweigen ewigkeitssüchtiger Gefühle, im Weglassen
aller Hinweise auf die Parabelhaftigkeit des Vorgangs Radwechsel offenbart sich Brechts Kunstinstinkt, und indem er
nichts erklärt, kommt es zum bewundernswürdigen Gelin-
gen dieser paar Zeilen.«
Gegen Gabriele Wohmann kann das Gedicht aber auch au-
tobiographisch, politisch gedeutet werden. Harald Weinrich
(1982) hat mit seinem »Lebensstoff«, unter Berufung auf
den dritten und vierten Vers – «Ich bin nicht gern, wo ich
herkomme. / Ich bin nicht gern, wo ich hinfahre« – »die Situation des Exils« (31) identifiziert. Auch das würde die
Ungeduld erklären, für die es nach den Zeilen des Gedichts

eigentlich keinen Grund gibt, weil das Warten dann für die
quälende Geduldsprüfung in der Zeit des Exils stünde.

Die Entstehungszeit des Gedichts, in der das Exil für Brecht
längst überwundene Vergangenheit war, legt allerdings eine
Deutung nahe, die den »Lebensstoff« in der Gegenwart des
Autors sucht. Peter Paul Schwarz (1978), der im poetischen
Gleichnis des Radwechsels »die Übergangssituation von der
Kriegs- zur Nachkriegssituation« reflektiert sieht, hat insofern mit gutem Grund gegenüber der eigenen Interpretation die Einschränkung gemacht, daß Brecht die eigentlich
bereits abgeschlossene Rückkehr- und Aufbauthematik im
Jahre 1953 nicht noch einmal aufgenommen habe, »ohne
den gesellschaftlichen Aufbau in Ostdeutschland mitzube-
denken und ihn an der Gesellschaftsform des amerikanischen Exils zu messen« (121). Erst unter diesem Aspekt, so
seine These, erhalte die Zeitstruktur des Gedichts ihre volle
Aussagebreite: Nicht nur der Kapitalismus amerikanischer
Prägung, den er ein Leben lang bekämpfte, ist ihm zuwider,
er macht auch kritische Vorbehalte gegen die Ausprägung
des Sozialismus in der DDR geltend.

Die überraschende Schlußfrage des Gedichtes »Warum sehe
ich den Radwechsel / Mit Ungeduld?« belegt freilich, daß
Brecht damit die Hoffnung auf einen humanen Sozialismus
keineswegs aufgegeben hat. Sie als ironische Schlußpointe
des lyrischen Ich zu verstehen, dazu dienend, den im ganzen »resignative[n] Grundton des Gedichts« zu mildern
(vgl. Knapp 1973, 50), besteht keine Veranlassung. In para-
doxer Drehung bringt sie vielmehr die konkrete Situation
des Radwechsels auf den gesellschaftlich gemeinten Punkt:
Obwohl sich die gesellschaftlichen Ziele des sozialistischen
Systems noch keineswegs realisiert haben, ist Resignation
unangebracht, »wird der in Ostdeutschland vollzogene
Wechsel vom kapitalistischen zum sozialistischen Gesell-
schaftssystem von Brecht dennoch derart positiv gewertet,
daß er ihn (aus der fiktiven Rückkehrperspektive des Gedichts) ›mit Ungeduld‹ herbeiwünscht« (Schwarz 1978,
122).

Ohne das von Schwarz herausgestellte Spannungsverhältnis
von subjektiver Situation und objektiver Wirklichkeit zu
entkräften, richtet Jan Knopf (1984) den Blick noch genauer
auf den zeitpolitischen Kontext und setzt das Gedicht ganz
konkret mit den Geschehnissen um den 17. Juni 1953 in Beziehung. Der Rekurs auf die Exilerfahrung wird dadurch
freilich gegenstandslos und die Gegenüberstellung zweier
Gesellschaftssysteme wird durch die systeminternen Widersprüche überlagert. Subjektiv, so die bedenkenswerte Überlegung Knopfs, sei die Situation gekennzeichnet durch die
dem Dichter aufgezwungene Distanz, durch die er abgehal-
ten werde, wirkliche Aufbauarbeit für den Sozialismus zu
leisten und sich statt dessen mit der Rolle eines Beobachters
begnügen müsse.

Der Rauch.   Hugo Dittberner (1973) hat den Gegenstand
der *Buckower Elegien* eine »Philosophie der Landschaft«
genannt. Die Landschaft erfüllt seiner Analyse nach »die
Funktion der Begrenzung auf das Maß der Menschen, des
einzelnen und der Gesellschaft in ihrer historischen Be-
dingtheit, indem ihr Zusammenhang als Produkt menschlicher Arbeit und als Projekt wissenschaftlich planender Veränderung zum gleichmäßigeren Nutzen ihrer Bewohner
dargestellt ist« (ebd., 64). Die Philosophie der Landschaft
bestehe hier in der beispielhaften Verbindung der Menschen
mit ihrer Aufgabe, der Dialektik von Produzent und Produkt und ihrer beider Geschichtlichkeit. Die neunte Elegie
Der Rauch (10,1012), »das Achsengedicht der Gesamtkom-
position«, komprimiere diesen gedanklichen Zusammenhang mit sparsamsten Mitteln »zu einer Lakonität, die als
Antwort vom Leser gedankliche Arbeit« fordere und vielleicht zu der Erkenntnis führe, die *Buckower Elegien* seien
»nützlich und dann auch schön« (Dittberner 1973, 64).
Auf den ersten Blick sieht es so aus, als hätten wir in
dem Gedicht *Der Rauch* »eine Idylle vor uns, fast einen
Locus amoenus, gelegen in Buckow« (Weinrich 1982, 37).

2. Lyrik · Der Rauch

Aber auch wo das Gedicht privat zu werden scheint, »spricht ein mit politischen und gesellschaftlichen Erfahrungen, mit ›Geschichte‹ angereichertes lyrisches Subjekt« (Hinck 1978 [b], 136).

Zum Bild von dem kleinen Haus unter dem See, das den ersten Eindruck bestimmt, kommt der bereits in der Überschrift annoncierte Rauch hinzu: er steigt vom Dach. »Der Rauch gehört offenbar zum Haus, charakterisiert es, indem er den Bildbereich des ersten (idyllischen) Eindrucks erweitert und erheblich modifiziert. Durch den Rauch kommt Bewegung ins zunächst ganz statische Bild, und Bewegung deutet auf Lebendiges, deutet darauf, daß das Haus bewohnt ist. Er steht nicht für Vergänglichkeit, sondern für Leben« (Knopf 1978, 19).

Im zweiten Teil des Gedichtes, beginnend mit der Mittelachse »Fehlte er«, wird die Idylle jedoch durch konjunktivische Negierung aufgehoben: Ohne den Rauch »wären Haus, Bäume, See trostlos, wäre der ganze, doch Idyllik suggerierende Eindruck des Beginns ohne Hoffnung, ohne Zufriedenheit, ohne Glück, ohne Zukunft« (ebd.). Übrig bleibt die gedachte trostlose Kulisse eines unbewohnten bzw. von Menschen nicht mehr bewohnbaren Ortes. »Der Konjunktiv bringt Reflexion ins nur Geschaute, formuliert im (relativen) Wenn-Dann-Beziehungssatz eine Sprachhaltung, die an wissenschaftlich-logische Definitionen erinnert. Die Reflexion erweitert das Bild durch Sinngebung, Interpretation« (ebd.).

Den *Buckower Elegien* hat Brecht als Motto einen Vierzeiler vorangestellt, der »dem Gedichteschreiber die Spielregeln« setzt und auch »den Spielraum« definiert (Baumgart 1989, 305):

> Ginge da ein Wind
> Könnte ich ein Segel stellen.
> Wäre da kein Segel
> Machte ich eines aus Stecken und Plane. (10,1007)

»Lakonisch, stoisch widersteht Brecht bis zuletzt allem
möglichen Umschlag der Enttäuschung in Resignation. Behutsam wird jedes Zeichen für Hoffnung, Bewegung wahrgenommen. Die Gedichte retten sich in einen Gestus leisen
Widerstands, einer abgedämpften Bitterkeit, einer Melan-
cholie, um die immer noch eine dünne Aura von Hoffnung
steht« (Baumgart, ebd.). In dem Vierzeiler *Dauerten wir
unendlich* heißt es:

> Dauerten wir unendlich
> So wandelte sich alles
> Da wir aber endlich sind
> Bleibt vieles beim Alten. (10,1031)

Resignation ist hier nicht erkennbar. »Aber [...] die
›Freundlichkeit‹ und ›Weisheit‹, die aus den elegischen No-
taten der letzten Gedichte spricht, schmeckt trotzdem, mit
einem älteren Klassikerwort ausgedrückt, nach ›Entsagung‹.
Gerade weil auch der Lyriker Brecht sich nicht abfinden
will mit einem allen Verlustschmerz anästhesierenden ›real
existierenden Sozialismus‹« (ebd.).

3. Prosa

> »Woran arbeiten Sie?« wurde Herr K. ge-
> fragt. Herr K. antwortete: »Ich habe viel
> Mühe, ich bereite meinen nächsten Irrtum
> vor.«
> *Mühsal der Besten* (12,377)

3.1. Kalendergeschichten

Die *Kalendergeschichten* gehören zu den bekanntesten Wer-
ken Brechts, wenn sie nicht gar sein bekanntestes Buch
überhaupt sind (vgl. Thöming 1973, 95). Bei der Zusammenstellung der Texte, die er unter Mitarbeit von Ruth Berlau im Jahr 1948 vornahm, hat Brecht durchweg auf bereits

Vorhandenes zurückgegriffen. Die Sammlung, die Anfang 1949 im Druck erschien,[3] enthält zunächst acht Erzählungen, denen alternierend acht Gedichte gegenüberstehen, die bis auf das Kinderlied *Der Kinderkreuzzug* aus dem Zyklus der *Svendborger Gedichte* stammen; den Erzählungen und Gedichten folgen dann 39 *Geschichten vom Herrn Keuner*, denen Brecht innerhalb dieser Sammlung den Rang *einer* Kalendergeschichte zugewiesen hat (vgl. Knopf 1984, 297).

Der als Titel gewählte Begriff läßt an Geschichten in der Tradition von Johann Peter Hebel denken, die zum Abdruck in einem Kalender bestimmt sind und in ihrem teils anekdotischen, teils schwankhaften Charakter volkstümlicher Unterhaltung dienen, mit Tendenz zur Erbauung und Belehrung. Nichts davon aber trifft auf Brechts *Kalendergeschichten* zu. Sie haben nie in einem Kalender gestanden, sind keine volkstümliche Unterhaltungsliteratur und auch nicht belehrend im Sinne einer erbaulichen Didaktik. Wenn sie Volkstümlichkeit assoziieren, dann in der – auch gegen die Korrumpierung des »Volkstums«-Begriffs der Nationalsozialisten gerichteten – neuen Bedeutung, daß sie die Geschichte des Volkes als einer Geschichte der Beherrschten erzählen, um dadurch »aus dem Werkzeug Volk ein politisch und gesellschaftlich handelndes Volk mit politischem und gesellschaftlichem Bewußtsein [zu] bilden« (Knopf 1973 [b], 103). In dem Aufsatz *Volkstümlichkeit und Realismus* von 1938 schreibt Brecht: »Unser Begriff *volkstümlich* bezieht sich auf das Volk, das an der Entwicklung nicht nur voll teilnimmt, sondern sie geradezu usurpiert, forciert, bestimmt. Wir haben ein Volk vor Augen, das Geschichte

---

3 Die 1949 im Berliner Verlag Gebrüder Weiss erschienene Ausgabe gilt als Erstausgabe, obwohl parallel dazu bereits 1948 eine Ausgabe in Halle erschienen ist. Beide Ausgaben sind in Paginierung und Aufmachung identisch (vgl. Knopf 1984, 294 f.). Ein Bild von der sehr überlegt vorgenommenen Zusammenstellung (vgl. Müller 1980, 308) gibt die Taschenbuchausgabe des Rowohlt-Verlages. Die Werkausgabe hat die Anordnung der *Kalendergeschichten* auseinandergerissen.

macht, das die Welt und sich selbst verändert. Wir haben ein kämpfendes Volk vor Augen und also einen kämpferischen Begriff *volkstümlich*. Volkstümlich heißt: den breiten Massen verständlich, ihre Ausdrucksform aufnehmend und bereichernd / ihren Standpunkt einnehmend, befestigend, korrigierend / den fortschrittlichsten Teil des Volkes vertretend, daß er die Führung übernehmen kann« (19,324 f.).

Brechts *Kalendergeschichten* sind in diesem Sinne »Geschichten, die den traditionellen Begriff ›volkstümlich‹ historisieren und die moralische Bewertung der von ihnen behandelten Historie nicht scheuen, Geschichten, die aufklärerisch, kritisch, fortschrittlich und für den Humanismus sind« (Knopf 1973 [a], 18). Sie stellen Geschichte »aus der Sicht von unten« dar und »mit neuen Maßstäben für die historische Leistung« (Müller 1980, 309). Mit dieser bewußt »klassenkämpferisch« gewählten Perspektive (vgl. Knopf 1984, 301) sind die *Kalendergeschichten* »nicht einfach ein Geschichtenbuch«, sondern ein »Geschichtsbuch für das Volk« (Müller 1980, 309). Ihr Titel paßt sich dieser Absicht ein, er ist »Plan und Programm« (Ignasiak 1982, 144) und bezeugt zugleich die »Entschlossenheit« auf Wirkung (vgl. ebd.). Durch die Jahre des Exils von seinem Publikum abgeschnitten, mußte Brecht an scheinbar Vertrautes anknüpfen, wollte er breite Leserschichten neu erreichen. Und auf Breitenwirkung war er bedacht in dieser Zeit des Aufbruchs nach dem Krieg. Denn er meinte durchaus die heutige Welt, auch wenn er seine Exempel der *Kalendergeschichten* in der Vergangenheit festmachte. Das von der Gegenwart Abgerückte schafft Distanz, zeigt seinen Modellcharakter besser als das Nahestehende, das zur Identifikation einlädt. Und Distanz fördert zugleich das Denken, fördert die Erkenntnis, die Voraussetzung ist für ein Handeln, das das Bestehende überwindet und in die Zukunft weist.

Bertolt Brecht um 1952

Der Augsburger Kreidekreis. Diese Erzählung, die den Reigen der Geschichten eröffnet, ist 1940 im schwedischen Exil als eine – allerdings durchaus selbständige – Vorstufe zur Dramatisierung des Stoffes im *Kaukasischen Kreidekreis* entstanden. Das Motiv hat Brecht vermutlich der »Kreidekreisprobe« eines alten chinesischen Stücks entnommen (vgl. S. 97); es darf aber davon ausgegangen werden, daß ihm auch die älteste Quelle des Motivs vom Kreidekreis vertraut war, die sich in der hebräischen Bibel findet: ein Urteil des Königs Salomo, niedergeschrieben im dritten Kapitel des ersten *Buches der Könige* (V. 16–28). Zwei Frauen, die im gleichen Haus wohnen, haben zur gleichen Zeit ein Kind geboren. Eines der Kinder stirbt, und nun behaupten beide, die Mutter des noch lebenden Kindes zu sein. König Salomo, um seinen Richterspruch gebeten, läßt ein Schwert holen und befiehlt, das Kind zu teilen, damit jede Frau die Hälfte erhalte. Die wahre Mutter, »weil sich das Mitleid mit ihrem Kind in ihr regte« (V. 26), verzichtet lieber auf ihr Kind, als daß sie es durch das Schwert zerteilen läßt. Die falsche Mutter aber besteht darauf: »Es gehöre weder dir noch mir! Teilt es auseinander!« (V. 26).

In der Erzählung der Bibel erhält die leibliche Mutter ihr Kind zurück, in Brechts Novelle aber spricht es Richter Dollinger der Magd Anna zu. Bei der entscheidenden Probe reißt nämlich Frau Zingli, die leibliche Mutter, das Kind »mit einem einzigen heftigen Ruck« aus dem Kreis, den Richter Dollinger auf den Boden gemalt hat, während Anna, »aus Furcht, es könne Schaden erleiden, wenn es an beiden Ärmchen zugleich in zwei Richtungen gezogen würde« (11,326), sofort losläßt.

Die Kreidekreisprobe schließt ein Geschehen ab, das Brecht in den Dreißigjährigen Krieg verlegt hat. Die katholisch-kaiserlichen Truppen überfallen und plündern die Stadt Augsburg, der reiche Gerberei-Besitzer Zingli kann nicht rechtzeitig entfliehen, er wird erschlagen. Auch seine Frau versäumt die rechtzeitige Abreise und wird von den Plün-

derern überrascht. Außer sich, ohne Überlegung und Besin-
nung, allein darauf bedacht, sich selbst zu retten, flieht sie
und läßt »alles« (11,321), sogar ihr Kind, zurück. Dies ist
ein offensichtlich nicht sehr mütterliches Verhalten; doch
muß bei seiner Bewertung berücksichtigt werden, daß sie in
dieser Situation eigentlich auch gar nicht an das Kind zu
denken braucht, denn als reiche Frau hat sie, wie damals üblich, ihre Sorgepflicht an die Magd Anna delegiert.
Die allein ist noch im Hause. In ihrer eigenen Angst ums
nackte Leben handelt sie zunächst jedoch nicht anders als
Frau Zingli und flieht. Einen späteren Rettungsversuch gibt
sie auf, als ihr bewußt wird, welche Gefahr sie läuft, »wenn
sie mit dem Kind des Protestanten auf der Straße aufgegrif-
fen« wird (11,322). Wieder handelt sie egoistisch, ist sie zuerst auf ihre eigene Sicherheit bedacht. Zwar legt sie das
Kind »schweren Herzens« (ebd.) in die Wiege zurück, zieht
aber um ihrer Sicherheit willen vor, es zu verlassen und damit erneut zu gefährden. Erst der dritte Anlauf bringt die
Wende. Entgegen dem ihrem Schwager gegebenen Versprechen, »nichts Unvernünftiges zu tun« (11,323), nimmt sie
das Kind nun zu sich.
Lange also hat die Magd gezögert, bevor sich ihr gegen den
eigenen Egoismus gerichteter Entschluß durchsetzt, die de-
legierte Verantwortung zu eigener Verantwortung werden
zu lassen (vgl. Knopf 1973 [a], 207). Weder spontane An-
teilnahme noch erwachende Mütterlichkeit, von der nicht
wenige Interpreten sprechen (vgl. u.a. Schwimmer 1971,
56), sind der Antrieb, der sie handeln läßt, sondern huma-
nes Mitleiden mit der hilflosen Kreatur. Denn als sie »einige
Zeit, vielleicht eine Stunde, zugesehen hatte, wie das Kind
atmete und an seiner kleinen Faust saugte, erkannte sie, daß
sie zu lange gesessen und zu viel gesehen hatte, um noch
ohne das Kind wegzugehen« (11,323). Erst der zu lange
Kontakt mit dem Kind, erst die Wahrnehmung, daß es zu
intensiv in das eigene Leben getreten ist und es mitzube-
stimmen beginnt, machen es Anna unmöglich, das Kind al-

lein zu lassen, es dem sicheren Tod auszuliefern (vgl. Knopf 1973 [a], 207).

»Schrecklich ist die Verführung zur Güte!« Mit dieser Aussage kommentiert Brecht (17,1198) in der Erzählung *Die Geschichte vom kaukasischen Kreidekreis*, die die Fabel zum gleichnamigen Stück abgibt, die Parallelstelle (im Stück spricht der »Sänger« diesen Satz, vgl. S. 100). Das heißt doch wohl, es ist schrecklich, in einer inhumanen Zeit human sein zu müssen. Die inhumane Zeit ist in der Kalendergeschichte konkret festgemacht, es ist die Zeit des großen Krieges in der ersten Hälfte des 17. Jahrhunderts. »Die historischen Ereignisse bestimmen die Handlungen der Menschen entscheidend, wie es vor allem im Verhalten der leiblichen Mutter deutlich wird. Auch Anna wäre beinahe der Affirmation an die herrschenden Zustände verfallen, wenn sie nicht zu lange gesessen und gesehen hätte« (Knopf 1973 [a], 207). So aber kann sich ihre Humanität doch bewähren; und es ist nur konsequent marxistisch gedacht, daß gerade die Repräsentantin der Besitzlosen und Abhängigen Träger der Humanität ist: Daraus erwächst Hoffnung auf eine neue Ordnung in der Zukunft, in der das Bürgertum in seiner führenden Rolle abgelöst wird.

Die Humanität Annas erkennt und anerkennt auch der Richter Dollinger, als es Jahre später zum Prozeß kommt, weil die leibliche Mutter ihr Kind zurückhaben will. Obwohl er über die wahren »Besitzverhältnisse« aufgrund der Voruntersuchung sehr wohl im Bilde ist, handelt er gegen die Gesetze, die die Blutsbindung wie das Besitzrecht zu achten vorschreiben und spricht Anna das Kind zu. Er stellt sich gegen das geltende Recht, weil es für ihn im konkreten Fall nicht darum geht, welche der beiden Frauen ein Recht auf das Kind hat, für ihn ist vielmehr entscheidend, daß das Kind die »rechte Mutter« (11,331) braucht.

Das geltende Recht ist in Gesetzen festgeschrieben, und ebenso ist es in Sprichwörtern manifest geworden, die zwar nicht Gesetzesrang haben, deren Gebrauch aber zeigt, daß sie als gültige Regeln verstanden und akzeptiert werden. Richter Dollinger beschwört dies, als er – vor der Kreidekreisprobe – seine »Lektion« erteilt: »Schön sei es allerdings von der Zeugin [Anna] nicht gewesen, daß sie sich nur um ihr eigenes Kind gekümmert habe, andererseits aber heiße es ja im Volksmund, Blut sei dicker als Wasser« (11,334). Bildete das geltende Recht die Urteilsgrundlage, hätte Anna keine Chance, das Kind zugesprochen zu bekommen. Sie bekommt das Kind nur, weil Richter Dollinger an die Stelle der Blutsbindung die soziale Bindung setzt und dieser neuen Norm gemäß urteilt. Er hat erkannt, daß das Kind alles, was es geworden ist, durch Anna geworden ist: »Sie hat ihm erst sein Leben gegeben. Aber auch umgekehrt: alles was Anna geworden ist, ist sie durch das Kind geworden« (Knopf 1973 [a], 210). Leibliche Mutter und Kind sind dagegen einander entfremdet, »sie haben nichts miteinander zu tun, obwohl zwischen beiden Blutsbindung besteht« (ebd.).

Jan Knopf bringt die Verkettung der Lebenswege von Anna und dem Kind auf den Begriff der »gegenseitigen Anerkennung« (ebd.). Weil Anna das Kind in seinem Menschsein »anerkannt« hat, »ist« sie die Mutter; sie ist es auch deshalb, weil das Kind sie »anerkennt«; Gestik, Mimik und die Artikulation im »Schrei« bei der Gerichtsverhandlung bezeugen seine Bindung an Anna. Durch die gegenseitige Anerkennung ist nicht nur die Blutsbindung, sondern auch das Gesetz vom Eigentum aufgehoben.

»Dollinger spricht Anna nicht das Kind als Besitz zu, wie es die leibliche Mutter für sich beansprucht, sondern er erkennt die gegenseitige Anerkennung an. Gesetz und Sprichwörter gelten nicht mehr. Die leibliche Mutter darf das Kind nicht erhalten, weil es bei ihr nicht es selbst sein dürfte, weil es von ihr nicht als Individuum anerkannt würde, zu dem es durch Anna geworden ist, weil es bloß Besitz wäre« (Knopf 1973 [a], 210 f.).

Gesetze und Sprichwörter sind fixierte Normen, die unter

der Bedingung gelten, daß die Welt so beschaffen ist, wie sie
sie voraussetzen. Sie fordern dann Gehorsam und Unterwerfung, lassen keine Ausnahme zu. »Aus diesen Gründen
schafft Brechts Geschichte die sprichwörtliche Welt ab. In
einer zu verändernden Welt haben Sprachformeln, deren
Konkretion nicht gut tut, die aber dennoch behaupten, immer neu gültig zu sein, keinen Platz« (ebd., 211).

Der Mantel des Ketzers.   In der 1939 geschriebenen »Novelle« (vgl. AJ 37), die ursprünglich *Mantel des Nolaners*
betitelt war, erzählt Brecht eine Episode aus der Zeit, in der
Giordano Bruno als Gefangener der Inquisition in Venedig
inhaftiert war. Der historische Bruno, 1548 zu Nola in
Campanien geboren, trat mit fünfzehn Jahren dem Domi-
nikanerorden bei, verließ ihn aber, als eine Anklage wegen
pantheistischer Häresie gegen ihn erhoben wurde. Er führte
seit 1576 ein unstetes Wanderleben quer durch Europa. Anstoß erregte er, als er aus der heliozentrischen Lehre des
Kopernikus die Konsequenzen zog und in seiner Schrift
Von der Unendlichkeit, dem Universum und den Welten die
Ansicht verbreitete, das Weltall sei unendlich und bestehe
aus unzähligen Sonnensystemen. Einer Einladung des No-
bile Mocenigo nach Venedig folgend, kehrte Bruno 1592 in
der Überzeugung nach Italien zurück, daß die Republik die
Freiheit der Wissenschaft garantiere. Doch seine Erwartungen wurden enttäuscht, und schließlich wurde der Gelehrte
an die Inquisition verraten. Bruno verteidigte zunächst
seine Lehre, war dann aber zum Widerruf und zur Unterwerfung unter die Kirchenlehre bereit. Trotzdem lieferte
ihn die Republik Venedig im Jahre 1593 nach Rom aus. Das
forderte erneut seinen Widerstand heraus, den zu brechen
in sieben Jahren Haft nicht gelang. Am 17. Februar 1600
wurde er auf dem Campo de' Fiori öffentlich verbrannt.
Brecht war die Geschichte des Giordano Bruno aus seinen
Studien zu *Leben des Galilei* bekannt. Was er in der Erzäh-

lung eingangs chronikartig über sein Leben und seine Lehre berichtet, entspricht ziemlich genau der historischen Wahrheit. Ausdrücklich bestätigt er auch das historische Urteil, daß Bruno »wegen seiner kühnen und seitdem als wahr erwiesenen Hypothesen über die Bewegung der Gestirne« und »wegen seiner mutigen Haltung gegenüber der Inquisition« (11,276) ein »großer Mann« (ebd.) gewesen sei. Obwohl er von dem Philosophen und Wissenschaftler sichtlich beeindruckt war, beabsichtigte er aber nicht, von dessen Kampf um die Wahrheit und die Freiheit der Forschung zu berichten, er erfand vielmehr die Geschichte von seinem Mantel, die seiner Auffassung nach die »Achtung vor ihm vielleicht noch steigern kann« (ebd.).

Eingeleitet durch diese »vorausgenommene Bewertung« (Müller 1980, 326), erzählt Brecht, wie Bruno sich während seiner Haft in Venedig plötzlich einer doppelten Verfolgung ausgesetzt sieht, weil neben die Anschuldigungen der Kirche die Ansprüche eines kleinen Gläubigers treten: »Im Winter 1592 hatte er sich, damals noch in einem Hotel wohnend, von einem Schneider namens Gabriele Zunto einen dicken Mantel anmessen lassen. Als er verhaftet wurde, war das Kleidungsstück noch nicht bezahlt« (11,277). Der Schneider versucht zunächst entschlossen, sein Geld von dem Patrizier Mocenigo zu bekommen, der den Gelehrten nach Venedig eingeladen hat. Er wird jedoch von einem Diener nicht nur kalt abgewiesen, sondern zudem mit der Drohung geschreckt, seine Beziehung zu dem Ketzer könne ihm selbst schaden. »Ein zerlumpter Knirps« aus einem »Haufen von Gassenjungen« wirft dann noch einen Stein nach ihm (11,277) und läßt ihn schmerzhaft spüren, wie gefährlich es wäre, »einer zu sein, der ›mit diesem Ketzer etwas zu tun hatte‹« (11,278). Der Schneider, auf solche Weise eingeschüchtert, resigniert und verzichtet furchtsam auf sein Recht. Zwar spricht er noch bei der Inquisitionsbehörde vor, doch dieser Bittgang macht ihn so bedrückt, daß er beschließt, der Sache nicht weiter nachzugehen und durch den

Verzicht auf den abendlichen Schoppen den Schaden selbst
zu tragen.

Die Frau des Schneiders gibt sich damit jedoch nicht zufrieden. In ihrem »naiven und unaufgeklärten Gemüt« (Ignasiak 1982, 95) bringt sie den Mut auf, ihre Forderung bei
dem gefürchteten Inquisitionsgericht geltend zu machen.
Was sie antreibt, ist allerdings nicht so sehr das starrköpfige
Beharren auf ihrem Anspruch, sondern die Not, die der
Verlust der Schuldsumme von 32 Scudi nach sich zieht. Für
den kleinen Handwerksladen, den ihr Mann betreibt, geht
es nämlich nicht lediglich um »einige Scudi« (11,280), wie
ein Beamter des Gerichts wegwerfend meint, sondern um
ein ganzes Monatseinkommen.

Bruno hat volles Verständnis für die Forderung der Schneidersfrau. Obwohl sie in den Gesprächen mit ihm ihren
Standpunkt ohne Freundlichkeit, ohne Mitleid und ohne
das geringste Einfühlungsvermögen für die Sorgen des um
sein Leben Kämpfenden vorbringt, bedeutet er ihr, »daß er
ihrem Gedankengang« (11,282) beipflichtet. »Brunos Haltung folgt aus der Einsicht, daß die Arme böse ist, weil sie
selbst leidet und sich ein Mitleid, das sie 32 Scudi kostet,
nicht leisten kann« (Müller 1980, 326). Selbst als sie ihm
bei der letzten Begegnung derart feindselig und unbarmher-
zig entgegentritt, daß der Inquisitionsbeamte sich veranlaßt sieht, an ihre »christliche Nachsicht« zu appellieren
(11,285), weist er ihren Anspruch nicht zurück. Er respek-
tiert, daß ihre Blickverengung sich derart zu einer Obses-
sion gesteigert hat, daß sie in ihm nur den Schuldner, nicht
jedoch das Opfer einer Verfolgung sehen kann (vgl. Müller,
ebd.). Für die Schneidersfrau dreht sich alles um ihr Verlust-
geschäft, »um nichts mehr und nichts weniger« (Ignasiak
1982, 98), von der Bedeutung Brunos weiß sie nichts, von
seiner schwierigen Lage will sie nichts wissen. Bruno
kämpft gleichwohl für den Anspruch des Schneiders mit der
gleichen Umsicht wie für seine eigene Sache. Er setzt durch,
daß er den Mantel, den Mocenigo zum Ausgleich für seine

Unkosten einbehalten hat, zurückbekommt, wobei der Sieg, den er hier erstreitet, sein Leiden nicht verringert. In seiner eigenen Sache ist er nämlich erfolglos, und er hätte den Mantel »gut brauchen« können, als er nach Rom ausgeliefert wird, denn: »Es war Ende Januar« (11,285).

Am eigenen Leib erfährt Bruno so die reale Kälte, der schutzlos ausgesetzt ist, wer keinen Mantel hat. Dieses poetische Bild will heißen: er erfährt die Kälte sozialer Not, die den trifft, der nichts mehr hat. Seine Schutzlosigkeit ist das Ergebnis des Bemühens, den Forderungen der Schneidersfrau gerecht zu werden, einer Handlungsweise, die angesichts seiner eigenen Situation als ein Akt großer Freundlichkeit erscheint. Ein Großteil der Wirkung dieser Novelle besteht darin, »daß der Leser immer wieder dazu neigt, sich über die auf Bezahlung drängende Frau zu empören, die in einem Moment Geld von einem Mann verlangt, als dessen Leben auf dem Spiel steht. Aber von dieser Empörung bringt der Erzähler den Leser immer wieder ab, indem er darauf verweist, daß es für diese Frau eben nicht nur um die ›paar Skudi‹ geht« (Mittenzwei 1987/1, 684).

In der sozialen Haltung Brunos gegenüber dem Schneider erweist sich die achtunggebietende Größe dieses Mannes, von der laut Ankündigung des Anfangs erzählt werden sollte. Selbst auch nur noch ein »gemeiner« Mann, der als Gefangener der Inquisition von Verhör zu Verhör geschleppt wird, muß er schließlich im Winter ohne Mantel nach Rom reisen, weil er einem anderen gemeinen Mann zu seinem Recht, das ihm von den Mächtigen verwehrt wird, verholfen hat. Brechts Geschichte erzählt zwar von einem historisch »großen Mann« (11,276), er berichtet über ihn aber nicht wegen seiner großen wissenschaftlichen Taten und seines mutigen Widerstands gegen die Inquisition, sondern wegen seiner Humanität, die sich bei ihm bewährt, als er machtlos und ohne Einfluß ist. Deshalb macht er ihn zum Helden seiner Geschichte.

Der verwundete Sokrates. Brecht hat diese 1938/39 geschriebene Geschichte dem Dramatiker Georg Kaiser gewidmet, der das Stück *Der gerettete Alkibiades* verfaßt hatte, und damit auf die Quelle verwiesen, der er das Motiv des Dorns und des folgenreichen Mißverständnisses einer vermeintlichen Tapferkeit im Krieg verdankt (vgl. Müller 1980, 327 ff.). Wie *Der Augsburger Kreidekreis* und *Der Mantel des Ketzers* hat er auch die Form dieser Erzählung als »Novelle« bezeichnet (AJ 37), gleichwohl wird sie immer wieder als Anekdote rezipiert. Für die literarische Form »Anekdote« ist charakteristisch, daß die Protagonisten herausgehobene Persönlichkeiten sind, große »Helden« zumal, in denen sich die jeweilige historische Zeit exemplarisch spiegelt. Diesen Formanspruch erfüllen Brechts Geschichten jedoch nicht. Gerade die Sokrates-Geschichte bestätigt diese Beobachtung; in ihr spricht Brecht am Anfang ausdrücklich die der Anekdote eigene Heldenverehrung an: »Sokrates [...] galt nicht nur als der Klügste aller Griechen, sondern auch als einer der tapfersten. Der Ruf der Tapferkeit erscheint ganz gerechtfertigt, wenn wir beim Platon lesen, wie frisch und unverdrossen er den Schierlingsbecher leerte, den ihm die Obrigkeit für die seinen Mitbürgern geleisteten Dienste am Ende reichen ließ. Einige seiner Bewunderer aber haben es für nötig gehalten, auch noch von seiner Tapferkeit im Felde zu reden« (11,286).

Für Brecht ist Sokrates sehr wohl ein tapferer Mann, weil er für seine Philosophie bis in den Tod einsteht. »Der Sohn einer Hebamme, der in seinen Zwiegesprächen so gut und leicht und unter so kräftigen Schmerzen seine Freunde wohlgestalter Gedanken entbinden konnte und sie so mit eigenen Kindern versorgte« (ebd.), hat durch seine besondere Art zu fragen und zu argumentieren sich so sehr unbeliebt gemacht, daß er als gottloser Jugendverderber verleumdet und zum Tode verurteilt wird. Weil es ihm um die Verbreitung der Wahrheit geht, hält er die Verleumdung aus und nimmt, dem Gesetz gehorchend, den vergifteten Trank, mit dem die Verurteilten damals ihr Leben beenden mußten. Diese Tapferkeit des Philosophen bleibt von Brecht, unter Berufung auf Platons Zeugnis im *Symposion*, unbestritten. Hingegen hält er es für ein überflüssiges Bestreben, wenn Sokrates auch noch die Tapferkeit im Krieg angedichtet wird, wie das derselbe Platon im 36. Kapitel des *Symposions* tut. Danach hat der Philosoph in der Schlacht von Delion den Feind mächtig erschreckt, hat seinen Feldherrn Alkibiades gerettet und dann sogar noch auf den ihm zustehenden Siegerkranz verzichtet. Wie hier Sokrates als ein gewaltiger Krieger gelobt wird, ist das typische Beispiel für den Anlaß einer Anekdotenbildung: einer historischen Persönlichkeit werden große Taten zugeschrieben, weil sie zu weiterer Glorifizierung der Person zu passen scheinen, unabhängig davon, ob sie geschichtlich verbürgt sind oder nicht (vgl. Knopf 1973 [b], 105).

Brechts Geschichte *Der verwundete Sokrates* reiht sich in diese Überlieferung nicht ein. Was er von des Sokrates Kriegsteilnahme erzählt, ist aufgeschrieben in der Absicht, eine alte Mythe zu berichtigen (vgl. Ignasiak 1982, 62). Seine Gegenversion zur Anekdote Platons zeigt keinen tapferen Kriegshelden, der sich dem Feind mutig entgegenstellt, sie zeigt einen Soldaten, der eine andere, weisere Form von Tapferkeit praktiziert: die Feigheit. Dadurch charakterisiert Brecht nicht nur die Geschichte vom großen Krieger Sokrates als »heroisierende Historiographie« (Knopf 1973 [a], 105), er »negiert« auch die Form der Anekdote; denn er schreibt »die Geschichte eines gemeinen Mannes im Krieg« (ebd.).

Der Sokrates in Brechts Geschichte ist nicht Steinmetz oder Bildhauer, wie es von ihm überliefert ist, er ist einfacher Schuster. »Eindeutig« ist »mit einer solchen verfremdenden Berufsbezeichnung die soziale Stellung des Philosophen« bestimmt (Ignasiak 1982, 85). Dieser hat zwar auch in einer Schlacht – gegen die Perser – mitgekämpft, als Schuster ist

er allerdings nur gemeiner Soldat, der zum Fußvolk gezogen wurde. Er hat kein Interesse am Krieg, weil es nicht
sein Krieg ist, der hier geführt wird: »Mich interessierte
diese Schlacht nicht«, hält er später seinen Bewunderern
entgegen. »Ich bin weder ein Waffenhändler, noch habe ich
Weinberge in der Umgebung. Ich wüßte nicht, für was ich
Schlachten schlagen sollte« (11,296). Als Denkender, der
»zwanzig Jahre [...] auf allen Gassen Pazifismus gelehrt«
hat (11,300), kann er nicht davon absehen, daß die wahren
Gründe des Kampfes eben genau darin liegen, »daß die
Reeder, Weinbergbesitzer und Sklavenhändler in Kleinasien
den persischen Reedern, Weinbergbesitzern und Sklaven-
händlern ins Gehege gekommen waren« (11,288). So ist
Feigheit das einzig vernünftige und eines Philosophen wür-
dige Verhalten, und so schlägt er gleich zu Beginn des
Kampfes den einzig richtigen Weg ein: er läuft nicht, wie
seine Frau Xanthippe später mutmaßt, versehentlich in die
falsche Richtung nach vorn, sondern in die richtige nach
hinten, gerät dabei allerdings in ein Distelfeld und tritt sich
einen so kräftigen Dorn in den Fuß, daß ihm ein weiteres
Fortlaufen unmöglich wird. Und dies erweist sich dann als
schlachtentscheidend. Als sich nämlich die Feinde nähern,
brüllt er martialisch und schlägt voller Angst so wild mit
dem Schwert um sich, daß diese sich einer starken griechischen Abteilung gegenüber glauben und sich zurückziehen.
Die Griechen, von Sokrates jetzt an ihre Tapferkeit ge-
mahnt, starten zum Gegenangriff, und als sie siegen, ist der
Philosoph für sie der unbestrittene Held der Schlacht.
Den aber veranlaßt die Furcht vor der keifenden Xanthippe, das Geheimnis seiner ›Heldentat‹ zu wahren, aber
eben dadurch wird er dann immer hilfloser, denn er kann
sich den Dorn nicht selbst entfernen, was allein seine
Handlungsfähigkeit wiederherstellen würde. Er wird zum
Gefangenen der sich in der Stadt verbreitenden Meinung,
»daß der groß Betrachtende auch der groß Handelnde sein

könne« (11,295). Diese Auffassung entwickelt eine Eigen-
dynamik, die sich gegen alle seine Dementis behauptet.
Der schmerzende Dorn im Fuß jedoch veranlaßt Sokrates
erneut zum Denken: er gesteht seine Feigheit öffentlich ein
und entzieht sich so der öffentlichen Ehrung. Dadurch ver-
schafft er sich einerseits Abhilfe für sein Leiden, denn nun
kann Xanthippe sich um den Dorn kümmern, andererseits
erfährt er die ehrliche Anerkennung des Alkibiades, der
überraschend seinen Mut lobt und ihm im übertragenen
Sinne dennoch den Siegerkranz zugesteht, wie der Sieg ja
auch tatsächlich ein Produkt der Feigheit war. Sokrates verhindert mit dem Eingeständnis des wahren Geschehens,
daß er zum öffentlichen Aushängeschild einer Gesellschaft
wird, die den Krieg für ein geeignetes politisches Mittel
hält. Dieser falschen Einstellung zum Krieg, die sich durch
die Jahrhunderte bis zur Gegenwart fortgesetzt hat, gilt die
Kritik Brechts. Er setzt dagegen den Mut des Denkenden,
der sich im klugen Entziehen beweist.

Die unwürdige Greisin. Die 1939 geschriebene »Novelle« *Die unwürdige Greisin* erzählt von den beiden Jahren
der »Frau B.«, um die sie ihren Mann überlebt hat. Als er
starb, war sie zweiundsiebzig Jahre alt, um so erstaunlicher,
daß sich diese zwei Lebensjahre grundlegend von ihrem bisherigen Leben unterscheiden. Die alte Frau löst sich von
fast allem, was bis dahin ihr Dasein ausgemacht hat, sie gibt
vor allem den Lebensinhalt »Familie« auf und geht neue
Wege, so daß sich der Erzähler mit der ganzen Verwandtschaft fragt: »Was war in sie gefahren?« (11,317). Zum
Schluß resümiert er: »Genau betrachtet lebte sie hinterein-
ander zwei Leben. Das eine, erste, als Tochter, als Frau und
als Mutter und das zweite einfach als Frau B., eine alleinste-
hende Person ohne Verpflichtungen und mit bescheidenen,
aber ausreichenden Mitteln« (11,320). Und im letzten Satz
der Kalendergeschichte heißt es: »Sie hatte die langen Jahre

der Knechtschaft und die kurzen Jahre der Freiheit ausge-
kostet und das Brot des Lebens aufgezehrt bis auf den letzten Brosamen« (ebd.).

Das abschließende Urteil steht im Gegensatz zum Titel der
Erzählung, in dem das Verhalten der Frau vorausweisend
mit dem Adjektiv »unwürdig« charakterisiert ist. Der es
spricht, ist der als Ich-Erzähler fungierende Enkel der Frau
B., der die berichteten Geschehnisse selbst nicht miterlebt
hat. Er verfügt über keine eigene Anschauung, sondern nur
über Berichte von dritten, die er interpretierend referiert.
Über seine ganze Erzählung hin hat der Enkel seine Großmutter nie selber im Blick, sondern sieht sie nur aus der
Perspektive von Gewährsleuten, die aber ihrerseits in den
beiden Jahren, um die die Erzählung kreist, kaum persönlichen Kontakt zu der alten Frau haben. Erst im Resümee am
Schluß löst er sich von den fremden Perspektiven und
spricht davon, wie seine Großmutter »in Wirklichkeit«
(11,319) in ihren letzten beiden Jahren gelebt hat.

Die meisten Informationen des Enkels stammen aus Brie-
fen, die sein mit Frau B. am gleichen Ort wohnender Onkel, ein Buchdrucker, seinem Vater geschrieben hat. Der
Onkel zeigt sich zunächst darüber enttäuscht, daß seine
Mutter ihn, seine Frau und die vier Kinder nicht zu sich in
das »ziemlich große und nun leerstehende Haus« (11,316)
aufnimmt, wo er doch nur in drei Zimmern wohnt; er be-
schwert sich, daß sie nur »lose Verbindung« mit ihm auf-
rechterhält (ebd.), anstatt seine Frau im Haushalt zu unterstützen; und er registriert zunehmend fassungsloser, wie die
Mutter ihr bisheriges Verhalten ändert. Daß sie jetzt auf
einmal ins Kino geht, täglich ein Gläschen Rotwein trinkt,
sich öfter bei einem sozialdemokratischen Flickschuster aufhält, im Gasthaus speist und sich mit dem halb schwachsin-
nigen Küchenmädchen abgibt, paßt seiner Meinung nach
nicht zu der Würde, die sie in zweiundsiebzig Jahren erreicht und aufrechterhalten hat. Dieses Verhalten widerspricht seinem kleinbürgerlichen Normensystem und der

darin fest verankerten Forderung, eine Frau und Mutter habe ihre »Knechtschaft« lebenslang zu ertragen. Von dem Onkel stammt deshalb auch die im Titel festgehaltene Wertung; er spricht von der »unwürdigen Aufführung unserer lieben Mutter« (11,319).

Sehr viel gelassener und toleranter (vgl. Ignasiak 1982, 109) verhält sich der Vater des Ich-Erzählers, der sich zwar über das veränderte, selbstbewußtere Verhalten seiner Mutter wundert, aber »eine gute Portion Humor« besitzt (11,318) und deshalb Verständnis zeigt. Doch auch er billigt ihrem Benehmen nur »Narrenfreiheit in den Grenzen bürgerlicher Normalität« (Ignasiak, ebd.) und keine eigenständige Qualität zu. Die übrigen Bewohner des Städtchens reagieren erstaunt, wie es die augenzwinkernde Beobachtung des Gastwirts bezeugt, daß die alte Frau sich »amüsiere« (11,319).

Aus der Montage dieser Informationen, die das Verhalten von Frau B. mit mehr oder weniger Verständnislosigkeit wiedergeben, entwirft der Erzähler ein Gegenbild, das die berichtete Kritik an der Greisin auf die Kritiker zurückwendet, indem es ihre Beurteilungskriterien bloßlegt und ihre Interessen, vor allem die des Buchdruckers, deutlich macht. Während der Ich-Erzähler am Anfang nur vom Bild sprechen kann, das ihm die Berichte des Onkels und des Vaters von der Großmutter indirekt vermitteln, steht ihm zum Schluß noch ein wirkliches Bild von ihr zur Verfügung, die »Fotografie«, »die sie auf dem Totenbett zeigt« (11,320). Von diesem Foto sagt er: »Man sieht ein winziges Gesichtchen mit vielen Falten und einem schmallippigen, aber breiten Mund« (ebd.). Und weiter: »Viel Kleines, aber nichts Kleinliches« (ebd.). Diese Beobachtung gibt in äußerster Verdichtung das Endergebnis seines Erkenntnisprozesses wieder und zeigt eine qualitative Veränderung seines Urteils über die Großmutter. Verbunden damit ist eine neue Einschätzung seines bisherigen Normensystems, eine kritische Sicht auf die allzuoft idealisierten bürgerlichen Familienverhältnisse (vgl. Ignasiak 1982, 111).

Während sechs Jahrzehnte Familienfron von den Söhnen,
vor allem dem Buchdrucker, nicht etwa als Leistung anerkannt, sondern zum Maßstab für weitere Forderungen gemacht werden, erweist sich ihm die kleinbürgerliche Fami-
lienideologie als ein internalisierter Unterdrückungsmecha-
nismus, der sich als Liebes- und Fürsorgebeziehung tarnt
(vgl. Müller 1980, 338), tatsächlich jedoch einem Gefängnis
gleichkommt, in dem für die Frau eine Entfaltung ihrer Persönlichkeit nicht vorgesehen ist.
So war es nur konsequent, daß die alte Frau B. mit ihrem
Familienleben abschloß (vgl. 11,318), denn nur so konnte
sie nach »den langen Jahren der Knechtschaft« noch »kurze
Jahre der Freiheit« genießen (11,320). Dazu bedurfte es einer Zäsur, der Entscheidung für ein zweites Leben, weil die
vorgeblich »natürlichen« Ansprüche der Familie auf eine
Fortdauer der Aufopferung abzielten. Da der Enkel im Verhalten der Großmutter keineswegs »selbsterhaltende Selbst-
sucht« (Karasek 1978, 70) erkennen kann, billigt er ihre
Entscheidung und stellt die Werturteile des Buchdruckers
als ungerechtfertigte Ansprüche bloß.
Es ist bei dieser Geschichte nach biographischer Authenti-
zität gefragt und mehrfach ein autobiographischer Hintergrund ausgemacht worden (vgl. u. a. Völker 1978, 10). Das
ist jedoch vergebliche Mühe. Selbst wenn gewisse biographische Ähnlichkeiten mit Frau Caroline Brecht geborene
Wurzler, bestehen sollten, die »unwürdige Greisin« »muß
nicht Brechts Großmutter gewesen sein, um eine Großmutter für Brecht sein zu können« (Müller 1980, 338).

3.2. *Geschichten vom Herrn Keuner*

Die 87 Geschichten vom Herrn Keuner sind in einem Zeit-
raum von dreißig Jahren entstanden, als erste gilt *Herr Keuner und die Zeitungen* aus dem Jahr 1926 (12,403 f.), als
letzte *Herr Keuner und Freiübungen* aus dem Jahr 1956

(12,400).[4] Die Keuner-Figur ist »eine durchgängige, stets aktuelle Figur des marxistischen Brecht« (Knopf 1984, 311), die sich ihm bei der Arbeit an den Lehrstücken herausgebildet hat (vgl. Le, 104 ff.). Im Namen »Keuner« stecke, so hat Walter Benjamin (1971, 11) erklärt, die Wurzel des griechischen *koinós*, ein Wort, das »das Allgemeine, alle Betreffende, allen Gehörende« bedeute. Plausibel, diese Erklärung eher ergänzend als ihr widersprechend, ist aber auch die Vermutung, »Keuner« sei eine sprachspielerische oder mundartliche Entstellung (vgl. Müller 1980, 109) und meine eigentlich »Keiner«; der Name wird dann, wie ebenfalls von Walter Benjamin (1971, 21) vorgeschlagen, in Zusammenhang mit dem griechischen »Niemand« Odysseus und seinem Kyklopen-Abenteuer in Verbindung gebracht. Wie Odysseus in die Höhle des einäugigen Polyphem eindringt, »so dringt Keuner [...] in die Höhle des einäugigen Ungetüms ›Klassenstaat‹. Listenreich sind sie beide, ebenso leidgewohnt, vielbewandert; beide sind weise« (ebd.).

Eine gattungsmäßige Verwandtschaft der *Geschichten vom Herrn Keuner* wird vor allem zu Anekdote, Aphorismus und Witz gesehen, sie sind als Parabeln bezeichnet worden oder – einen Terminus Walter Benjamins aufnehmend – als »Denkbilder« (Schlaffer 1973). Am ehesten dürfte ihre Form jedoch, wie Müller (1980) einsichtig machen kann, dem Apophthegma, der Scherzrede, entsprechen, deren gattungsspezifisches Kennzeichen seine Zweiteiligkeit ist: »eine besondere (zunächst historische) Situation wird knapp und prägnant geschildert und dann in einem pointierten, oft überraschenden Sinnspruch gedeutet« (ebd., 130). Der Spruch resultiert ersichtlich aus dem erzählten Geschehen, seine Aussage weist zugleich aber »über den Anlaß hinaus, erhält sentenziösen Charakter und versteht sich als Anleitung zum Denken. Das punktuelle Erfassen führt zu einer blitzartigen Einsicht, die zwar die Tendenz

---

4 Eine weitere Geschichte aus dem Jahr 1955 oder 1956, die der Schauspielerin Käthe Reichel gilt, teilt der Brecht-Biograph Klaus Völker (1978, 386) mit.

hat, sich vom Einzelfall zu lösen und sich als allgemeingül-
tig darzustellen, die aber in der dargestellten Situation über-
prüfbar bleiben muß« (ebd., 131).

Die apophthegmatische Situation ist bei Brecht in der Regel
durch Dialog oder Gespräch bezeichnet (ebd.). Für ihre
Deutung ist deren Funktion wichtig: Brecht betont weniger
die kommunikative Auseinandersetzung zwischen einzelnen Menschen um eine gemeinschaftliche Sache, als vielmehr die Bedingtheiten und Möglichkeiten zwischen-
menschlicher Kommunikation. »Das ist nicht nur eine Verschiebung des Aspekts [. . .], sondern die prinzipielle – auch
ideologisch bestimmbare – Verschiebung vom einzelnen als
Ausgangspunkt zu dem, was zwischen einzelnen stattfin-
det« (Knopf 1983, 273). Im Zentrum der Darstellung steht
nicht der individuelle Mensch, der sich seines Verhältnisses
zu sich selbst und der Gesellschaft vergewissert, sondern
»die Sozialität des Zusammenlebens« (ebd., 274), das Verhalten der Menschen zueinander.

In den Keuner-Geschichten ist eine bestimmte Gesprächs-
haltung zur literarischen Form verallgemeinert (vgl. Mittenzwei 1987/1, 727): Keuner handelt in ihnen als ein Denkender«, (vgl. Häußler 1981). »Denken [aber] heißt verändern«, formuliert Brecht in der Geschichte *Menschen-
kenntnis* (12,402). Das Spezifikum der Keuner-Geschichten
ist freilich, daß sie nicht »im Denkresultat« kulminieren,
sondern »im Denkprozeß« (Mittenzwei 1987/1, 727). Herr
Keuner provoziert, indem er bestimmten Worten, Verhaltensweisen, Konventionen ihren gewohnten Sinn entzieht
und zugleich neuen Sinn vorschlägt, der auf der Basis der
materialistischen Dialektik zu einem neuen Verständnis der
Wirklichkeit führt, mit dem Ziel, diese zu verändern. Die
sprachlich-denkerische Realisation bleibt aber meist dem
Leser überlassen, in ihm setzt sich sozusagen der Dialog
fort. Das Pointierte, Rätselhafte, oft scheinbar Paradoxe der
Keunerschen Aussprüche wird ihm verständlich, wenn er
den Denkanstoß aufnimmt und weiterführt.

Das Wiedersehen. Folgen wir Inge Häußler, die die Keunergeschichten in verschiedene Problemkreise eingeteilt hat (1981, 22 ff.), gehört *Das Wiedersehen* zu einer Gruppe von Geschichten, die ihren Protagonisten in der dialektischen Haltung des Denkenden (ebd., 44) vorführen.

»Ein Mann, der Herrn K. lange nicht gesehen hatte, begrüßte ihn mit den Worten: ›Sie haben sich gar nicht verändert.‹ ›Oh!‹ sagte Herr K. und erbleichte.« (12,383)

Die Redensart, mit der Herr Keuner von dem Mann begrüßt wird, ist im Alltag nicht unüblich, wenn jemand nach langer Zeit einen Bekannten wiedertrifft. Sie ist nicht zwangsläufig als unverbindliche Floskel gemeint, eher als freundlicher Ausdruck des Wiedererkennens, der über die erste Unsicherheit der Begegnung hinweghelfen soll. Wer einem anderen versichert, er sehe noch ganz so aus, wie er ihn in Erinnerung habe, begegnet ihm mit einer aufmunternden Geste, die nicht nur besagt, daß er äußerlich jung geblieben sei, sondern darüber hinaus auch ausdrückt, er habe die Widrigkeiten des Lebens gut und wohlbehalten überstanden (vgl. Knopf 1984, 319).

Trotz dieser eigentlich positiven Intention haftet der Redensart schon in Alltagssituationen etwas Oberflächliches, Floskelhaftes an, das es ungewiß erscheinen läßt, ob ein Sprecher sie benutzt, um seinem Partner eine ernsthafte Gesprächsbereitschaft anzuzeigen, oder nur, um eine zufällige Begegnung recht unverbindlich zu überbrücken. Brecht nimmt diese der Redensart immanente Tendenz auf, verschärft sie jedoch, indem er sie negativ verwendet. Durch die Reaktion von Herrn Keuner zeigt er, daß sie in der Geschichte das Gegenteil von dem ist, was sie scheint (vgl. Häußler 1981, 46): eine einzige Unhöflichkeit. Keuners erstaunter Ausruf und sein Erbleichen resultieren aus der Annahme, der Mann wolle ihm tatsächlich sagen, er sei seit ihrer letzten Begegnung der Gleiche geblieben, keine Erfahrung habe ihn geprägt, die Zeit keine Spuren bei ihm hinter lassen. Von dieser Behauptung fühlt er sich hart getroffen, er empfindet sie als haltlose Unterstellung. Das Unerhörte einer solchen Zumutung zeigt sich besonders kraß, wenn man – worauf Jan Knopf (1984, 319) hinweist – die Endstellung der Geschichte in den *Kalendergeschichten* beachtet: Faschismus, Krieg, Exil wären dann an Herrn Keuner spurlos vorübergegangen. »Die (gemeinte) Höflichkeit polt sich in der Geschichte [also] zur (nicht-gemeinten) großen Unhöflichkeit gegenüber Menschen um, die sich für Veränderung eingesetzt haben, weil sie es vielleicht einmal vermögen können, daß sich die Menschen nicht mehr so rapide verändern müssen (weil der Boden der Freundlichkeit bereitet ist)« (ebd., 319).

Ein unbefangener Leser, dem das Verhalten des Mannes, zumindest in der ersten Wahrnehmung, nicht unhöflich vorkommt, ist durch den Ausgang der Geschichte verblüfft. Er wird regelrecht dazu gezwungen, gewohnte Vorstellungen und eigenes Alltagshandeln zu überprüfen, wenn er die Intention der Geschichte verstehen will. Zuerst wird er darauf gestoßen, den wortwörtlichen Inhalt der Höflichkeitsfloskel zur Kenntnis zu nehmen und sprachkritisch zu reflektieren (vgl. ebd.). Tut er dies unter dem Eindruck der Negativ-Reaktion des Herrn Keuner, ist er sodann angehalten zu überlegen, was die Nicht-Veränderung bedeuten würde. Die Geschichte selbst gibt ihm darauf keine Antwort, ihr Ende ist offen. Ihre dialektische Struktur schränkt die Offenheit jedoch sogleich wieder ein; denn der Denkprozeß kann im Ergebnis nur zur »Negation der Negation« (15,360) führen, die vorgeführte Verhaltensweise darum nur »richtiges, d. h. produktives Verhalten« (Häußler 1981, 47) bewirken.

Wenn Herr K. einen Menschen liebte.   Die Verblüffung ob ihrer Pointe teilt die Keunergeschichte *Das Wiedersehen* mit nicht wenigen anderen. Oft hat Keuner zwar das letzte Wort, das muß aber keineswegs heißen, daß er damit eine

befriedigende oder auch nur plausible Antwort auf das auf-
geworfene Problem gibt. Die Geschichten sind dann mit
dem Ausspruch Keuners noch nicht zu Ende, sie gleichen,
indem sie nur »einen Denkanstoß« weitergeben, »nicht einem Ergebnis«, eher einem Rätsel (Müller 1980, 124). Folgt
der Leser allerdings ihrer »impliziten Denkoperation«
(ebd.), kann er der Lösung auf die Spur kommen – beispielsweise in der Geschichte *Wenn Herr K. einen Menschen liebte:*

»›Was tun Sie‹, wurde Herr K. gefragt, ›wenn Sie einen
Menschen lieben?‹ ›Ich mache einen Entwurf von ihm‹,
sagte Herr K., ›und sorge, daß er ihm ähnlich wird.‹ ›Wer?
Der Entwurf?‹ ›Nein‹, sagte Herr K., ›der Mensch.‹«
(12,386)

Der Dialog bricht mit einer Pointe ab, zu Ende ist er damit
nicht, denn die Keunersche Antwort bedarf der Erläute-
rung: »der Leser muß also die Fragen des fiktiven Ge-
sprächspartners aufnehmen und zugleich, indem er den
Denkansatz Keuners folgt, dessen Antwort [...] beurtei-
len« (Müller 1980, 125).
Wie These und Antithese treffen hier zwei Haltungen aufeinander, wird Herrn Keuners Auffassung von Liebe dem
überkommenen, nicht zuletzt christlich geprägten Verständnis entgegengesetzt, das sein Gesprächspartner mitbringt.
Für den ist Liebe identisch mit Hingabe, also der Bereitschaft, den Partner so zu akzeptieren, wie er ist; darum setzt
er den »Entwurf«, von dem Herr Keuner spricht, auch dem
Bild des geliebten Menschen gleich. Seine vergewissernde
Rückfrage macht Keuners Gegenposition allerdings um so
auffälliger. Denn ihm ist so verstandene Liebe »ein Akt der
Unterwerfung und folglich von der Seite des Geliebten her
eine Form der Herrschaft, die auf Eigenliebe beruht« (ebd.,
125). Wahre Liebe kann für Keuner nur darin bestehen, »die
latenten Möglichkeiten des geliebten Menschen zu erkennen und ihnen zur Verwirklichung zu verhelfen« (ebd.). Insofern ist seine Art zu lieben produktiv, keine Inbesitz-

nahme, sondern »ein Miteinander, das nicht desillusionie-
rend auf das starrt, was der geliebte Mensch alles nicht ›ein-
löst‹ und ›ist‹, sondern mit Selbstverständlichkeit damit
rechnet, daß der geliebte Mensch sich noch verändert«
(Knopf 1984, 321).

Allerdings scheint auch das Denken des Herrn Keuner nicht
von reinem Altruismus bestimmt. Prometheisches Selbstbewußtsein wird erinnert, wenn er gegenüber seinem Gesprächspartner darauf beharrt, den geliebten Menschen seinem Entwurf anzugleichen, also Menschen nach seinem
Entwurf zu »formen«. Doch für Brecht ergibt sich hieraus
kein Widerspruch, denn Liebe ist für ihn auch »eine Produktion« (12,571). Im *Me-ti* sagt Kin-jeh über die Liebe:
»Sie verändert den Liebenden und den Geliebten« (ebd.).
Darum ist es für Brecht selbstverständlich, daß der Liebende und der Geliebte wechselseitig auch auf die Veränderungen Einfluß nehmen können und sollen. Denn die Entwicklung eines Menschen erfolgt nicht aus »sich heraus«,
aus seinem »Wesen«, aus seinem »Charakter«, sondern sie
vollzieht sich im sozialen Kontext (vgl. Knopf 1984, 321).
Voraussetzung einer gemeinsamen Entwicklung ist, »daß
der Liebende Neues schafft«, indem er ein Bild des Geliebten entwirft, das dieser rechtfertigt, indem er ihm nahezu-
kommen sucht (12,468).

Du sollst dir von Gott kein Bildnis machen, heißt es in der
hebräischen Bibel (2 Mose 20,4). Max Frisch hat dieses Bild-
nisverbot in einem Akt nachhaltiger Säkularisierung, insbesondere in *Andorra*, auch auf den Menschen übertragen,
weil er in den Bildnissen die Ursache von tödlichen Fixie-
rungen erkannte. Brecht fügt sich in diese Traditionslinie
nicht ein, er widerspricht dem Verbot und besteht darauf,
daß Bilder gemacht werden können, allerdings keine fer-
tigen. Herr Keuner macht darum nur einen »Entwurf«,
etwas, das noch der Ausführung harrt, nicht jedoch ein
fertiges Bild.

Liebende machen Bilder voneinander ist der Text aus dem

Me-ti / Buch der Wendungen überschrieben, in dem die These von der Produktivität der Liebe formuliert ist. Und in dem Essay *Über das Anfertigen von Bildnissen* schreibt Brecht: »Nicht nur das Bildnis eines Menschen muß geändert werden, wenn der Mensch sich ändert, sondern auch der Mensch kann geändert werden, wenn man ihm ein gutes Bildnis vorhält. Wenn man den Menschen liebt, kann man aus seinen beobachteten Verhaltensarten und der Kenntnis seiner Lage solche Verhaltensarten für ihn ableiten, die für ihn gut sind. [...] Das Bildnis ist produktiv geworden, es kann den Abgebildeten verändern, es enthält [...] Vorschläge. Solch ein Bildnis machen heißt lieben« (20,169 f.).

»In dieser Weise läßt sich«, wie Klaus-Detlef Müller (1980, 125) zutreffend bemerkt, »der Dialog zu Ende führen und der Denkanstoß aufnehmen«. Daß Keuners Ansicht auch zu übernehmen ist, wäre zwar im Sinne Brechts, ist aber keineswegs zwangsläufig.

3.3. Flüchtlingsgespräche

Am 1. Oktober 1940 trug Brecht in sein *Arbeitsjournal* die Notiz ein: »ich las in DIDEROTS JAKOB DER FATALIST, als mir eine neue möglichkeit aufging, den alten ZIFFEL-plan zu verwirklichen. die art, zwiegespräche einzuflechten, hatte mir schon bei KIVI[5] gefallen. [...] ich schrieb probeweise 2 kleine kapitel und nannte das ganze FLÜCHTLINGSGESPRÄCHE« (AJ 181).

Der »alte Ziffel-Plan« war die Beschreibung einer Reise in die Nachbarländer Deutschlands, mit dem Ziel, den menschlichen Fortschritt und die Gesittung zu studieren. Entsprechend seinem literarischen Vorbild, Voltaires *Candide*, sollte Ziffel in den verschiedenen Ländern die beste aller Welten aber nicht finden.

5 Gemeint ist der finnische Dichter Aleksis Kivi (1834–72).

Verfaßt hat Brecht die **Flüchtlingsgespräche** größtenteils
1940/41 in Finnland, er hat aber auch später noch, vor allem
in Amerika, daran gearbeitet; nach Knopf (1984, 276 ff.) lassen sich bis 1944 insgesamt vier Entstehungsphasen ausma-
chen (vgl. auch Häußler 1981, 144 ff.). Die Druckfassung
hat Brecht allerdings selbst nicht mehr vorbereitet, die erste
Buchausgabe erschien erst 1961 postum. Die Fassung in der
Werkausgabe, die auch die *Bruchstücke* sowie die *Ziffel-
und Kalleschrift* enthält, entspricht der Arbeitsstufe, die im
finnischen Exil entstand (vgl. Müller 1980, 286 f.). Eine
szenische Realisation des dialogisch strukturierten Werks
wurde am 15. Februar 1962 in den Münchner Kammerspielen uraufgeführt.

Der Titel *Flüchtlingsgespräche* verweist nicht nur auf den
Inhalt des Dialogs, sondern auch auf seine Entstehung im
Exil. Seine Gesamtkonzeption ist in einer autobiographischen Aufzeichnung skizziert, die Brecht im Zusammenhang mit dem Antrag auf Einreise in die USA verfaßt hat:
»Ferner (hat er fertiggestellt) ein kleines satirisches Buch (in
der Art am ehesten dem ›Candide‹ Voltaires vergleichbar),
in dem ein Flüchtling von einem Land in das andere flieht,
da überall zu viele Tugenden verlangt werden. In dem einen
Land braucht man, um dreimal am Tag essen zu können,
eine Energie, mit der früher Reiche erobert werden konn-
ten, in dem anderen muß man, damit das Regime weiter-
herrschen kann, ihm helfen, die ganze Welt zu erobern, im
dritten braucht man zuviel Freiheitsliebe, da zuviel Unfreiheit herrscht, usw. usw. Der Flüchtling sucht ein Land, wo
man mit mittleren Tugenden und einigen bescheidenen La-
stern halbwegs leben kann« (Tb 229 f.).

Obwohl die *Flüchtlingsgespräche*, Diderots Beispiel in dem
Roman *Jacques le Fataliste et son maître* folgend, als Dialog
zwischen dem Intellektuellen Ziffel, einem Physiker, und
dem Metallarbeiter Kalle angelegt sind, werden sie – aufgrund ihrer Entstehungsgeschichte – der Prosa Brechts zu-
gerechnet. Sie sind auch kein ›reiner‹ Dialog; dieser ist viel-

Bertolt Brecht 1951

mehr eingebettet in einen zwar kurzen, nur angedeuteten
epischen Kontext, in dem zugleich eine ›Geschichte‹ der
beiden Flüchtlinge entwickelt wird. Ziffel und Kalle begegnen sich zunächst rein zufällig im Bahnhofsrestaurant von
Helsinki und beginnen unter großer Vorsicht ein Gespräch,
treffen sich dann aber, nachdem sie Gemeinsamkeiten entdeckt haben, sehr planmäßig zu neuen, immer rückhaltlose-
ren Disputen. Beide sind Opfer des Nationalsozialismus,
arbeits- und weitgehend mittellos, im Gastland nur geduldet, und zwar unter der Bedingung, ihrem Beruf nicht
nachzugehen, weil sie sonst Arbeitsplätze der Einheimi-
schen wegnähmen. Überdies sind politische Äußerungen
unerwünscht und könnten – wie anderes Fehlverhalten
auch – zur Ausweisung, das heißt in den sicheren Tod, führen. Die beiden Exilanten sind also dazu verurteilt, zu warten. »Wer aber warten muß, möchte wenigstens reden«
(Mittenzwei 1987/1, 727). Diese Möglichkeit nutzen sie intensiv, ihre Lust am Gespräch ist sehr ausgeprägt, sie »quat-
schen« (Mittenzwei, ebd.) und witzeln, vor allem aber reflektieren miteinander im Dialog die politische Situation
und ihre eigene damit verwobene Lage.

Die achtzehn Kapitel, in die Brecht die *Flüchtlingsgespräche*
gegliedert hat, sind relativ selbständige Einheiten, die recht
lose miteinander verknüpft sind. Dennoch fügen sie sich
insgesamt zu einem in sich abgeschlossenen und konsequent aufgebauten Werk zusammen (vgl. Müller 1980, 293).
Dem Charakter des Ganzen entsprechend, tragen die einzelnen Kapitel fast durchweg provokante Überschriften.
Das erste handelt »Über Pässe / Über die Ebenbürtigkeit
von Bier und Zigarre / Über die Ordnungsliebe« (14,1383).
Hier sind Ziffel und Kalle darin einig, daß der Paß »der
edelste Teil von einem Menschen« sei (ebd.) und daß man
die unterschiedslos schlechte Qualität der Nahrungs- und
Genußmittel, z. B. die des Bieres, der Zigarren und des Kaf-
fees, gegenwärtig nur begrüßen könne angesichts der Tatsache, daß wie bei der ebenfalls unterschiedslos schlechten

Qualität der beiden »führenden Marken« (14,1384) in der
Politik, nämlich Hitlers und Mussolinis, »das Gleichge-
wicht [...] wieder hergestellt sei« (ebd.). Zudem seien
Schlamperei und Bestechlichkeit jedweder Ordnung vorzu-
ziehen, deren »erzieherischer« Zweck es nur sei, den Menschen dazu zu bringen, »bestimmte Verrichtungen« auszu-
führen: »Nämlich die sinnlosen« (14,1388). Kalle sagt zu-
sammenfassend: »Sie könnens so ausdrücken: Wo nichts am
rechten Ort liegt, da ist Unordnung. Wo am rechten Ort
nichts liegt, ist Ordnung« (14,1390). Darauf Ziffel: »Ordnung ist heutzutage meistens dort, wo nichts ist. Es ist eine
Mangelerscheinung« (ebd.).
In dieser Art vereinfachend zugespitzter Paradoxien diskutieren die beiden Flüchtlinge unter anderem »über die Frei-
denker« und »das Überhandnehmen bedeutender Menschen« (14,1392), »über den Unmenschen« (14,1401), die
»Pornographie« (14,1408), die »Schwierigkeiten der großen
Männer« (14,1418), das »traurige Schicksal großer Ideen«
(14,1424), »über Bildung« (14,1429) und »den Begriff des
Guten« (14,1434), über »die deutschen Greuel« (ebd.), die
»vorbildliche Erziehung in Deutschland« (14,1443), »das ei-
gentümliche Wort ›Volk‹« (14,1477), über »das Denken als
ein Genuß« (14,1482), »über Herrenrassen« (14,1490) und
»über die Weltherrschaft« (ebd.); sie vergleichen – auf der
Basis ihrer Exilerfahrungen – Länder und Staatsformen, reden zum Beispiel über »die Schweiz, berühmt durch Freiheitsliebe und Käse« (14,1443), »Frankreich oder den
Patriotismus« (14,1450), »Dänemark oder den Humor«
(14,1456), über »Schweden oder die Nächstenliebe«
(14,1464), über »Lappland oder Selbstbeherrschung und
Tapferkeit« (14,1473); nicht zuletzt setzen sie sich mit der
»Hegelsche[n] Dialektik« (14,1457) auseinander, sprechen
»über Demokratie« (14,1477), »über die Unfreiheit unter
dem Kommunismus« (ebd.) und über den »Sozialismus«
(14,1498).
In die Thematik der Gespräche sind nicht wenige autobio-

graphische und zeitgeschichtliche Erfahrungen Brechts eingegangen, wenn auch nicht unvermittelt eingearbeitet. An
den Memoiren, die Ziffel zwischendurch verfaßt und an-
schließend seinem Partner vorliest, läßt sich dies besonders
gut nachvollziehen. Diese anekdotischen Erzählungen sind
»zu einem großen Teil autobiographisches Detail aus
Brechts Erinnerung«, sie werden »hier aber auf mehrere Figuren verteilt: auf Ziffel, seinen Mitschüler B. und auch auf
Kalle« (Müller 1980, 296); beispielsweise die Lehrerpor-
traits (14,1402 ff.), die berühmte Anekdote, wie Brecht
durch einen Eingriff in die Lehrerkorrektur seine Verset-
zung ermöglichte (14,1403 f.), oder der vorsorgliche Bor-
dellbesuch des 17jährigen (14,1415). »Das Anekdotische ist
aber dem Typischen untergeordnet, so daß Ziffel nur sehr
bedingt autobiographische Züge Brechts trägt: die Gemein-
samkeit liegt in der gesellschaftlichen Erfahrung des Kindes
aus gutem Hause« (Müller 1980, 296 f.).
Außerdem besteht der Memoirenschreiber Ziffel darauf,
daß seine Erfahrungen, obwohl sie persönlich erlebte Zeitgeschichte sind, generalisierbar seien (vgl. 14,1401). Besonders deutlich wird dieser Anspruch im vierten Kapitel, wo
Ziffel seine Aufzeichnungen nur noch in Stichwörtern präsentiert. »Es bleibt dem Leser überlassen, den anekdotischen Zusammenhang zu rekonstruieren, das heißt, er muß
sich auf eigene, analoge Erfahrungen verlassen können. Dabei wird ausdrücklich eine Montagetechnik verwendet.
Kalle fragt: ›Wie machen Sie das, daß das zusammengeht?‹
Darauf Ziffel: ›Ich arrangiere. Aber mit dem Material‹
(14,1411). Das ermöglicht die Herstellung des zeitgeschicht-
lichen Bezugs« (Müller 1980, 297).
Folgen wir der einsichtigen Erklärung Klaus-Detlef Müllers
(1980), schreibt Ziffel seine Memoiren, »weil er sich keine
Zukunft mehr erwartet und weil er durch die aufgezwungene Untätigkeit auch keine Gegenwart mehr hat, was die
Vergangenheit als die Grundlage dieses ›unnatürlichen‹ Zustands problematisch macht und ihre Reflexion herausfor-

dert« (ebd., 296). Er sei aber zugleich auf Kalles Zustimmung angewiesen, weil er die Bestätigung brauche, daß gerade ein »unbedeutender Mensch« (14,1396) repräsentative
Ansichten mitzuteilen habe (ebd.). Allerdings fordern diese
Ansichten bald Kalles Widerspruch heraus, weil sie ihm zu
wenig politisch begründet sind. Kalle, zunächst auf die
Rolle des Zuhörers verwiesen, verweigert sich – vom siebten Kapitel an – den weiteren Lesungen aus den Memoiren
und greift aktiv in das Gespräch ein. Sein Gesprächsanteil
wird in zunehmendem Maße zum Antrieb einer Bewußt-
werdung Ziffels über seinen historischen Standort und dessen Genese. »Während Kalle als Proletarier von vornherein
einen relativ eindeutigen gesellschaftlichen Standort hat,
muß Ziffel den seinen erst finden: dafür benötigt er den
Dialogpartner« (Müller 1980, 300). Das heißt, aus der zunächst biographisch angelegten Geschichte Ziffels, die in
Form seiner Memoiren erzählt wird, entwickelt sich durch
sein proletarisches Gegenüber ein Dialog, in dem der Le-
bensweg eines Intellektuellen kritisch reflektiert wird.
Der Prozeß der Bewußtseinsbildung, den Ziffel in den min-
destens zwei Jahre währenden Gesprächen durchmacht (vgl.
Knopf 1984, 383), ist ein dialektischer Vorgang und eine
Einübung in dialektisches Denken, das implizit und explizit
im Zentrum der *Flüchtlingsgespräche* steht (vgl. Müller
1980, 303). Es verhilft als Hinführung zu eingreifendem
Verhalten dazu, die historische Lage zu erkennen und zu
meistern. Dabei ist Kalle als Arbeiter praxisbezogener und
handlungsfähiger, Ziffel hingegen theoretisch versierter und
artikulationsfähiger. Allerdings muß Ziffel sich dem höheren dialektischen Anspruch der Praxis beugen: er studiert
Hegel, um dem Dialogpartner »philosophisch gewachsen«
zu sein (14,1459), d. h., um theoretisch einzuholen, was der
Arbeiter ihm an Wirklichkeitsbewußtsein voraushat. Das
führt zu einer Erkenntnis der Begriffe als der »Griffe, mit
denen man die Dinge bewegen kann« (14,1461). Begriffs-
analyse ist deshalb eine zentrale Verfahrensweise der Flücht-

lingsgespräche (Müller 1980, 383), wobei Ziffel anerken-
nend von Kalle bemerkt: »In Ihnen steckt ein Logiker und
Semantiker« (14,1465). Das dialektische Denken ist freilich
situationsbezogen, also interessenbedingt und praxisorien-
tiert. In diesem Sinne ist die Emigration »die harte Schule
für Dialektik« (14,1462).

»Die Welt«, so erklärt Ziffel seinem Gesprächspartner,
»wird ein Aufenthaltsort für Heroen, wo sollen wir da hin?
Eine Zeitlang hats ausgesehn, als ob die Welt bewohnbar
werden könnt, ein Aufatmen ist durch die Menschen gegangen. [. . .] Was ist aus dieser hoffnungsvollen Entwicklung
geworden? Die Welt ist schon wieder voll von den wahn-
witzigen Forderungen und Zumutungen. Wir brauchen eine
Welt, in der man mit einem Minimum an Intelligenz, Mut,
Vaterlandsliebe, Ehrgefühl, Gerechtigkeitssinn usw. aus-
kommt, und was haben wir? Ich sage ihnen, ich habe es satt,
tugendhaft zu sein, weil nichts klappt, entsagungsvoll, weil
ein unnötiger Mangel herrscht, fleißig wie eine Biene, weil
es an Organisation fehlt, tapfer, weil mein Regime mich in
Kriege verwickelt. Kalle, Mensch, Freund, ich habe alle Tugenden satt und weigere mich, ein Held zu werden« (14,1496 f.)

Der Anspruch, daß ein Zustand erreicht werden müsse, der
es den Menschen gestatte, auch ohne große Tugenden aus-
zukommen, der keine Helden mehr erforderlich mache,
zieht sich durch viele Werke Brechts, ist im *Galilei*, in der
Mutter Courage ebenso zu finden wie im *Guten Menschen
von Sezuan*. »Gemeint ist einfach ein Zustand, der den
Menschen davon befreit, sein Brot im Schweiße seines Angesichts zu essen; der es ihm ermöglicht, für das Extra zu
leben, ohne stets ein Extra für dieses Leben aufbringen zu
müssen«, kommentiert der marxistische Brecht-Biograph
Werner Mittenzwei (1987/1, 729). Doch ein Land, in dem
ein derart paradiesischer Zustand herrscht, sieht Ziffel auf
dem ganzen Kontinent nicht, »es ist ein Nirgendwo-Land,
eine Utopie im eigentlichen Sinne« (Müller 1980, 303).

Wenn Ziffel also anstrengende Tugenden verweigert und aufgezwungenes Heldentum ablehnt, befindet er sich zwar in Übereinstimmung mit den historischen Möglichkeiten der Menschheit, zugleich jedoch im Widerspruch zu deren gesellschaftlicher Verwirklichung, weil sein Selbsterkenntnisprozeß in Verweigerung und Resignation führt. Darum behält er auch nicht das letzte Wort. »Das steht nach der geschichtsphilosophischen Konzeption der Gespräche dem Arbeiter zu« (Müller, ebd.). Kalle macht Ziffel klar, was zu tun sei, um den erwünschten Zustand zu erreichen: »Was ihre Gesinnung angeht: Sie haben mir zu verstehen gegeben, daß Sie auf der Suche nach einem Land sind, wo ein solcher Zustand herrscht, daß solche anstrengenden Tugenden wie Vaterlandsliebe, Freiheitsdurst, Güte, Selbstlosigkeit so wenig nötig sind wie ein Scheißen auf die Heimat, Knechtseligkeit, Roheit und Egoismus. Ein solcher Zustand ist der Sozialismus. [...] Gleichzeitig mach ich Sie darauf aufmerksam, daß für dieses Ziel allerhand nötig sein wird. Nämlich die äußerste Tapferkeit, der tiefste Freiheitsdurst, die größte Selbstlosigkeit und der größte Egoismus« (14,1498 f.).

Ziffel sieht in der von Kalle formulierten Antithese zu seiner Lebensbilanz eine »überraschende Wendung« (14,1498), die sich aus dessen höher entwickelten Fähigkeiten praktischer Dialektik erklärt. »Aber zu dieser dialektischen Pointe gehört auch die Schlußwendung, daß zur Erreichung des Ziels eines besseren Zustandes eben jene Tugenden erforderlich sind, die Ziffel verweigert hat und deren Entbehrlichkeit den Sozialismus als Utopie erstrebenswert macht« (Müller 1980, 306). Wenn Ziffel darauf mit dem Satz »Ich habs geahnt« reagiert, mag wohl auch etwas Resignation mitschwingen (vgl. Mittenzwei 1987/1, 730), bestimmend, wie Reinhard Baumgart (1989, 269 f.) dies unterstellt, ist sie jedoch nicht; zu augenfällig steht ihr die Bereitschaft entgegen, das Ziel einer sozialistischen Gesellschaft aus dem Ideal in die Wirklichkeit zu überführen.

IV. Literaturhinweise

1. Werke, Arbeitsjournal, Tagebücher, Briefe

Brecht, Bertolt: Gesammelte Werke. Hrsg. vom Suhrkamp-Verlag in Zusammenarbeit mit Elisabeth Hauptmann. Werkausgabe edition suhrkamp. – 20 Bände [Bd. 1–7: Stücke. – Bd. 8–10: Gedichte. – Bd. 11–14: Prosa. – Bd. 15–17: Schriften zum Theater. – Bd. 18 bis 19: Schriften zur Literatur und Kunst. – Bd. 20: Schriften zur Politik und Gesellschaft]. Frankfurt a. M.: Suhrkamp, 1967. – 6 Supplementbände [Texte für Filme – Arbeitsjournal – Gedichte aus dem Nachlaß]. Frankfurt a. M.: Suhrkamp, 1969 ff.
Zitiert wird, wenn nicht anders angegeben, nach dieser Ausgabe unter Angabe des Bandes und der Seitenzahl.

Brecht, Bertolt: Die Bibel und andere frühe Einakter. Frankfurt a. M.: Suhrkamp, 1970.
– Baal. Drei Fassungen. Krit. ed. u. komm. von Dieter Schmidt. Frankfurt a. M.: Suhrkamp, 1966. [Ba]
– Der Jasager und Der Neinsager. Vorlagen, Fassungen, Materialien. Hrsg. und mit einem Nachw. vers. von Peter Szondi. Frankfurt a. M.: Suhrkamp, 1966. [Ja]
Das Lehrstück. Brechts Theorie einer politisch-ästhetischen Erziehung. Hrsg. von Reiner Steinweg. Stuttgart: Metzler, 1972. [Le]
Brecht, Bertolt: Über Lyrik. Zusammengest. von Elisabeth Hauptmann und Rosemarie Hill. Frankfurt a. M.: Suhrkamp, 1964.
– Gedichte über die Liebe. Ausgew. von Werner Hecht. Frankfurt a. M.: Suhrkamp, 1984.
– Kalendergeschichten. Reinbek: Rowohlt, 1953.
– Kriegsfibel. Berlin: Eulenspiegel, Das Neue Berlin, 5. (1. erw.) Aufl. 1994.
– Arbeitsjournal. 3 Bde. Hrsg. von Werner Hecht. Erster Band: 1938–1942. Zweiter Band: 1942–1955. [Dritter Band:] Anmerkungen. Frankfurt a. M.: Suhrkamp, 1973. [AJ]
– Tagebücher 1920–1922. Autobiographische Aufzeichnungen 1920–1954. Hrsg. von Herta Ramthun. Frankfurt a. M.: Suhrkamp, 1975. [Tb]
– Briefe. Hrsg. und komm. von Günther Glaeser. 2 Bde. Frankfurt a. M.: Suhrkamp, 1981. [B]

2. Materialienbände

Brechts *Aufhaltsamer Aufstieg des Arturo Ui*. Hrsg. von Raimund Gerz. Frankfurt a. M. 1983. [Mat 1]

Materialien zu Brechts *Der gute Mensch von Sezuan*. Zusammengest. von Werner Hecht. Frankfurt a. M. 1968. [Mat 2]

Brechts *Der gute Mensch von Sezuan*. Hrsg. von Jan Knopf. Frankfurt a. M. 1982. [Mat 3]

Materialien zu Brechts *Leben des Galilei*. Zusammengest. von Werner Hecht. Frankfurt a. M. 1963. [Mat 4]

Brechts *Leben des Galilei*. Hrsg. von Werner Hecht. Frankfurt a. M. 1981. [Mat 5]

Materialien zu Brechts *Mutter Courage und ihre Kinder*. Zusammengest. von Werner Hecht. Frankfurt a. M. 1964. [Mat 6]

Brechts *Mutter Courage und ihre Kinder*. Hrsg. von Klaus-Detlef Müller. Frankfurt a. M. 1982. [Mat 7]

Materialien zu Brechts *Der kaukasische Kreidekreis*. Zusammengest. von Werner Hecht. Frankfurt a. M. 1966. [Mat 8]

Brechts *Kaukasischer Kreidekreis*. Hrsg. von Werner Hecht. Frankfurt a. M. 1985. [Mat 9]

Brechts Theaterarbeit. Seine Inszenierung des *Kaukasischen Kreidekreises* 1954. Hrsg. von Werner Hecht. Frankfurt a. M. 1985. [Mat 10]

3. Bibliographien

Bohnert, Christiane: Auswahlbibliographie zu Bertolt Brecht und seinem dramatischen Werk. In: Hinderer, Walter (Hrsg.): Brechts Dramen. Stuttgart 1984. S. 405–445.

Führer, Ulrike / Vogt, Jochen: [Bibliographie zu] Bertolt Brecht. In: Arnold, Heinz Ludwig (Hrsg.): Kritisches Lexikon der Gegenwartsliteratur. 16. Nlg. München 1984; 47. Nlg. München 1994. (Mitarb. Heike Schupetta.)

Völker, Klaus: Verzeichnis sämtlicher Stücke, Bearbeitungen und Fragmente zu Stücken von Bertolt Brecht. In: Arnold, Heinz-Ludwig (Hrsg.): Bertolt Brecht II. München 1973. S. 210–225.

4. Biographien und Erinnerungen

Bronnen, Arnolt: Tage mit Bertolt Brecht. Geschichte einer unvollendeten Freundschaft. Berlin 1973.

Hecht, Werner (Hrsg.): Bertolt Brecht. Sein Leben in Bildern und Texten. Gestaltet von Willy Fleckhaus. Vorwort von Max Frisch. Frankfurt a. M. 1978.

Hecht, Werner (Hrsg.): Bertolt Brecht. Leben und Werk im Bild. Mit autobiographischen Texten, einer Zeittafel und einem Essay von Lion Feuchtwanger. Frankfurt a. M. 1986.

Kächele, Heinz: Bertolt Brecht. Bildbiographie. Leipzig 1984.

Kebir, Susanne: Ein akzeptabler Mann? Streit um Bertolt Brechts Partnerbeziehungen. Berlin 1987.

Kesting, Marianne: Bertolt Brecht in Selbstzeugnissen und Bilddokumenten. Reinbek 1959.

Lattmann, Dieter: Kennen Sie Brecht? Stationen seines Lebens. Stuttgart 1988. (Reclams Universal-Bibliothek. 8465.)

Mittenzwei, Werner: Das Leben des Bertolt Brecht oder Der Umgang mit den Welträtseln. 2 Bde. Berlin/Weimar 1986. Frankfurt a. M. 1987.

Müller, André / Semmer, Gerd: Geschichten vom Herrn B. Gesammelte Brecht-Anekdoten. Leipzig 1977.

Münsterer, Hanns Otto: Bert Brecht. Erinnerungen aus den Jahren 1917–1922. Berlin/Weimar ²1977.

Schumacher, Ernst und Renate: Leben Brechts in Wort und Bild. Berlin 1978.

Völker, Klaus: Bertolt Brecht. Eine Biographie. München 1978.

5. Handbücher, Gesamtdarstellungen und allgemeine Untersuchungen

Arnold, Heinz Ludwig (Hrsg.): Bertolt Brecht I und II. 2 Bde. München 1972 und 1973.

Baumgart, Reinhard: Selbstvergessenheit. Drei Wege zum Werk: Thomas Mann, Franz Kafka, Bertolt Brecht. München 1989.

Benjamin, Walter: Versuche über Brecht. Frankfurt a. M. ²1971.

Knopf, Jan: Brecht-Handbuch. Theater. Eine Ästhetik der Widersprüche. Stuttgart 1980.

– Brecht-Handbuch. Lyrik, Prosa, Schriften. Eine Ästhetik der Widersprüche. Stuttgart 1984.

Knopf, Jan: Bertolt Brecht. In: Grimm, Gunter E. / Max, Frank Rainer (Hrsg.): Deutsche Dichter. Bd. 7: Vom Beginn bis zur Mitte des 20. Jahrhunderts. Stuttgart 1989. (Reclams Universal-Bibliothek. 8617.) S. 483–504.

Hill, Claude: Bertolt Brecht. München 1978.

Mayer, Hans: Brecht in der Geschichte. Frankfurt a. M. 1971.

Müller, Klaus-Detlef (Hrsg.): Bertolt Brecht. Epoche – Werk – Wirkung. München 1985.

Vogt, Jochen: Bertolt Brecht. In: Arnold, Heinz Ludwig (Hrsg.): Kritisches Lexikon der Gegenwartsliteratur. 16. Nlg. München 1984.

6. Arbeiten zu Stücken, Dramentheorie, Theaterkonzeption

Badura, Peter: Die Gerechtigkeit des Azdak. In: Arnold, Heinz Ludwig (Hrsg.): Bertolt Brecht I. München 1972. S. 100–106. Auch in: Brechts *Kaukasischer Kreidekreis*. Frankfurt a. M. 1985 [Mat 9]. S. 157–166.

Buck, Theo: Der Garten des Azdak: Von der Ästhetik gesellschaftlicher Produktivität im *Kaukasischen Kreidekreis*. In: Hinderer, Walter (Hrsg.): Brechts Dramen. Stuttgart 1984. S. 194–216.

Frühwald, Wolfgang: Eine Moritat vom Ende des Individuums: Das Theaterstück *Baal*. In: Hinderer, Walter (Hrsg.): Brechts Dramen. Stuttgart 1984. S. 33–47.

Giese, Peter Christian: Das »Gesellschaftlich-Komische«. Zu Komik und Komödie am Beispiel der Stücke und Bearbeitungen Brechts. Stuttgart 1974.

Grimm, Reinhold: Bertolt Brecht. Die Struktur seines Werkes. Nürnberg ⁵1968.

Hecht, Werner: Brechts Weg zum epischen Theater. Beitrag zur Entwicklung des epischen Theaters 1918 bis 1933. Berlin 1962.

Hinck, Walter: Die Dramaturgie des späten Brecht. Göttingen 1959.

– Das moderne Drama in Deutschland. Vom expressionistischen zum dokumentarischen Theater. Göttingen 1973.

– *Mutter Courage und ihre Kinder:* Ein kritisches Volksstück. In: Hinderer, Walter (Hrsg.): Brechts Dramen. Stuttgart 1984. S. 162 bis 177.

Hinderer, Walter (Hrsg.): Brechts Dramen. Neue Interpretationen. Stuttgart 1984.

Interpretationen: Brechts Dramen. Hrsg. von Walter Hinderer. Stuttgart 1995. (Reclams Universal-Bibliothek. 8813.)

Karasek, Hellmuth: Bertolt Brecht. Der jüngste Fall eines Theaterklassikers. München 1978.

Ketelsen, Uwe-K.: Kunst im Klassenkampf: *Die heilige Johanna der Schlachthöfe.* In: Hinderer, Walter (Hrsg.): Brechts Dramen. Stuttgart 1984. S. 106–124.

Klotz, Volker: Dramaturgie des Publikums. München 1976.

Knopf, Jan: Bertolt Brecht: *Der gute Mensch von Sezuan.* Frankfurt a. M. 1982.

– Bertolt Brecht: *Die heilige Johanna der Schlachthöfe.* Frankfurt a. M. 1985.

Knust, Herbert: Bertolt Brecht: *Leben des Galilei.* Frankfurt a. M. 1982.

Melchinger, Siegfried: Geschichte des politischen Theaters 2. Frankfurt a. M. 1974.

Mennemeier, Franz-Norbert: Modernes Deutsches Drama. Bd. 1: 1910–1933. München 1973. Bd. 2: 1933 bis zur Gegenwart. München 1975.

Mittenzwei, Werner: Bertolt Brecht. Von der *Maßnahme* zu *Leben des Galilei.* Berlin 1962.

Müller, Klaus-Detlef: Die Funktion der Geschichte im Werk Bertolt Brechts. Studien zum Verhältnis von Marxismus und Ästhetik. Tübingen [2]1972.

– Bertolt Brechts *Leben des Galilei.* In: Walter Hinck (Hrsg.): Geschichte als Schauspiel. Frankfurt a. M. 1981. S. 240–253.

– *Mann ist Mann.* In: Hinderer, Walter (Hrsg.): Brechts Dramen. Stuttgart 1984. S. 89–105.

Rischbieter, Henning: Bertolt Brecht. Bd. 1. Velber. [3]1970 [a]. Bd. 2. Velber [3]1970 [b].

Sautermeister, Gert: Zweifelskunst, abgebrochene Dialektik, blinde Stellen: *Leben des Galilei* (3. Fassung, 1955). In: Hinderer, Walter (Hrsg.): Brechts Dramen. Stuttgart 1984. S. 125–161.

Schöttker, Detlev: Bertolt Brechts Ästhetik des Naiven. Stuttgart 1989.

Schumacher, Ernst: Die dramatischen Versuche Bertolt Brechts 1918–1933. Berlin 1955.

– Drama und Geschichte. Bertolt Brechts *Leben des Galilei* und andere Stücke. Berlin 1968.

– Brecht. Theater und Gesellschaft im 20. Jahrhundert. Berlin [3]1981.

Steinweg, Reiner (Hrsg.): Auf Anregung Brechts: Lehrstücke mit Schülern, Arbeitern, Theaterleuten. Frankfurt a. M. 1978.

Thole, Bernward: Die »Gesänge« in den Stücken Bertolt Brechts. Zur Geschichte und Ästhetik des Liedes im Drama. Göppingen 1973.

Ueding, Gert: *Der gute Mensch von Sezuan.* In: Hinderer, Walter (Hrsg.): Brechts Dramen. Stuttgart 1984. S. 178–193.

Völker, Klaus: Brecht-Kommentar zum dramatischen Werk. Mitarb. Hans Jürgen Pullem. München 1983.

7. Arbeiten zur Lyrik

Bohnert, Christiane: Brechts Lyrik im Kontext. Zyklen und Exil. Königstein i. Ts. 1982.

Dittberner, Hugo: Die Philosophie der Landschaft in Brechts *Buckower Elegien.* In: Arnold, Heinz-Ludwig (Hrsg.): Bertolt Brecht II. München 1973. S. 54– 65.

Hartinger, Christel: Bertolt Brecht – Das Gedicht nach Krieg und Wiederkehr. Studien zum lyrischen Werk 1945–1946. Berlin 1982.

Hinck, Walter (Hrsg.): Ausgewählte Gedichte Brechts mit Interpretationen. Frankfurt a. M. 1978 [a].

– Alle Macht den Lesern. Literaturtheoretische Reflexionen in Brechts Lyrik. In: H. W.: Von Heine zu Brecht. Lyrik im Geschichtsprozeß. Frankfurt a. M. 1978 [b]. S. 105–124.

Holtz, Günter: Nachricht aus finsterer Zeit. Zu Brechts Gedicht *An die Nachgeborenen.* In: Hartung, Harald (Hrsg.): Gedichte und Interpretationen. Bd. 5. Stuttgart 1983. (Reclams Universal-Bibliothek. 7894.) S. 372–383.

Interpretationen: Gedichte von Bertolt Brecht. Hrsg. von Jan Knopf. Stuttgart 1995. (Reclams Universal-Bibliothek. 8814.)

Knapp, Gerhard P.: Welt und Wirklichkeit. Zur späten Lyrik Bertolt Brechts. In: Arnold, Heinz Ludwig (Hrsg.): Bertolt Brecht II. München 1973. S. 41–53.

Knopf, Jan: Bertolt Brechts *Buckower Elegien.* Frankfurt a. M. 1978.

Lehmann, Hans-Thies: Das Subjekt in der *Hauspostille.* Eine neue Lektüre des Gedichts *Vom armen B.B.* In: Grimm, Reinhold / Hermand, Jost (Hrsg.): Brecht-Jahrbuch 1980. Frankfurt a. M. 1981.

Lehmann, Hans-Thies / Lethen, Helmut (Hrsg.): Bertolt Brechts *Hauspostille*. Text und kollektives Lesen. Stuttgart 1978.

Marsch, Edgar: Brecht-Kommentar zum lyrischen Werk. München 1974.

Mennemeier, Norbert: Bertolt Brechts Lyrik. Aspekte, Tendenzen. Düsseldorf 1982.

Pietzcker, Carl: Die Lyrik des jungen Brecht. Vom anarchischen Nihilismus zum Marxismus. Frankfurt a. M. 1974.

Reich-Ranicki, Marcel: [Bertolt Brecht: *Erinnerung an die Marie A.*] Das dialektische Liebesgedicht. In: Frankfurter Anthologie 3. Frankfurt a. M. 1978. S.183–186.

Schöne, Albrecht: Bertolt Brecht. *Erinnerung an die Marie A.* In: Wiese, Benno von (Hrsg): Die deutsche Lyrik. Bd. 2. Düsseldorf 1970. S. 485–494.

Schuhmann, Klaus: Der Lyriker Bertolt Brecht. 1913–1933. München 1971.

– Untersuchungen zur Lyrik Brechts. Themen, Formen, Weiterungen. Berlin/Weimar 1973.

Schwarz, Peter Paul: Lyrik und Zeitgeschichte. Brecht: Gedichte über das Exil. Heidelberg 1978.

Segebrecht, Wulf: *Vom armen B. B.* In: Hinck, Walter (Hrsg.): Ausgewählte Gedichte Brechts. Frankfurt a. M. 1978. S. 18–23.

Ueding, Gert: *Fragen eines lesenden Arbeiters.* In: Hinck, Walter (Hrsg.): Ausgewählte Gedichte Brechts. Frankfurt a. M. 1978. S. 68–71.

Wagenknecht, Regine: Bertolt Brechts Hauspostille. In: Arnold, Heinz Ludwig (Hrsg.): Bertolt Brecht II. München 1973. S.20–29.

Weinrich, Harald: Bertolt Brecht in Buckow oder: Das Kleinere ist das Größere. In: Hinck, Walter (Hrsg.): Gedichte und Interpretationen. Bd. 6. Stuttgart 1982. (Reclams Universal-Bibliothek. 7895.) S. 30–39.

Wohmann, Gabriele: Der lange Tag im kurzen Leben. [Bertolt Brecht: *Der Radwechsel.*] In: FAZ Nr. 73 vom 27. 3. 1993.

8. Arbeiten zur Prosa

Häußler, Inge: Denken mit Herrn Keuner. Zur deiktischen Prosa in den Keunergeschichten und Flüchtlingsgesprächen. Berlin 1981.

Hermsdorf, Klaus: Brechts Prosa im Exil. In: Weimarer Beiträge 1978. Heft 2. S. 30–42.

Ignasiak, Detlef: Bertolt Brechts *Kalendergeschichten*. Kurzprosa 1935–1956. Berlin 1982.

Knopf, Jan: Geschichten zur Geschichte. Kritische Tradition des »Volkstümlichen« in den Kalendergeschichten Hebels und Brechts. Stuttgart 1973 [a].

– Gemeine Geschichte oder der Kammerdiener als Historiograph. Notizen zu Brechts *Kalendergeschichten*. In: Arnold, Heinz Ludwig (Hrsg.): Bertolt Brecht II. München 1973 [b]. S. 97–108.

– Die deutsche Kalendergeschichte. Ein Arbeitsbuch. Frankfurt a. M. 1983.

Müller, Klaus-Detlef: Brecht-Kommentar zur erzählenden Prosa. München 1980.

Payrhuber, Franz-Josef: Bertolt Brecht: *Der Augsburger Kreidekreis*. In: Lehmann, Jakob (Hrsg.): Deutsche Novellen von Goethe bis Walser. Bd. 2. Königstein i.Ts. 1980. S. 195–200.

Schlaffer, Heinz: Denkbilder. Eine kleine Prosaform zwischen Dichtung und Gesellschaftstheorie. In: Kuttenkeuler, Wolfgang (Hrsg.): Poesie und Politik. Stuttgart 1973. S. 137–154.

Schwimmer, Helmut: Bert Brecht, *Kalendergeschichten*. München ³1971.

Thöming, Jürgen C.: Kontextfragen und Rezeptionsbedingungen bei Brechts frühen Geschichten und *Kalendergeschichten*. In: Arnold, Heinz Ludwig (Hrsg.): Bertolt Brecht II. München 1973. S. 74–96.

V. Abbildungsnachweis